U0623796

Mist Lock Ankara

雾锁安卡拉

土耳其财富世界之旅

Rich World Tour Of Turkey

李华伟 / 编著

中国出版集团　现代出版社

图书在版编目(CIP)数据

雾锁安卡拉 / 李华伟编著. —北京：现代出版社，2016.7(2021.8重印)
ISBN 978-7-5143-5232-0

Ⅰ.①雾… Ⅱ.①李… Ⅲ.①经济概况－土耳其
Ⅳ.①F137.4

中国版本图书馆CIP数据核字(2016)第160795号

编　　著	李华伟
责任编辑	王敬一
出版发行	现代出版社
通讯地址	北京市安定门外安华里504号
邮政编码	100011
电　　话	010-64267325 64245264(传真)
网　　址	www.1980xd.com
电子邮箱	xiandai@cnpitc.com.cn
印　　刷	北京兴星伟业印刷有限公司
开　　本	700mm×1000mm 1/16
印　　张	9.5
版　　次	2016年12月第1版　2021年8月第3次印刷
书　　号	ISBN 978-7-5143-5232-0
定　　价	29.80元

前言

QIANYAN

　　多年以来,我们就一直想策划关于G20的图书,经过艰苦努力,如今这个想法终于变成了现实。毋庸置疑,G20已经成为世界上最具影响力的经济论坛之一,而成员国则被视为世界经济界"脑力激荡"、"激发新思维"与财富的代名词。

　　我常常会在心里问自己:到底什么是财富?什么是经济?有的人可能会说,钱啊!这种说法从某种意义上来说有一定的道理。在这里我要说,只要是具有价值的东西都可以称之为财富,包括自然财富、物质财富、精神财富,等等。从经济学上来看,财富是指物品按价值计算的富裕程度,或对这些物品的控制和处理的状况。财富的概念为所有具有货币价值、交换价值或经济效用的财产或资源,包括货币、不动产、所有权。在许多国家,财富还包括对基础服务的享受,如医疗卫生以及对农作物和家畜的拥有权。财富相当于衡量一个人或团体的物质资产。

　　需要说明的是,世上没有绝对的公平,只有相对的强弱。有的人一出生就有豪车豪宅,而且是庞大家业的继承人;有的人一出生就只能是穷乡僻壤受寒冷受饥饿的孩子。自己的人生只有改变"权力、地位、财富"中的一项,才可以获得优势的生存机会。那么,财富又被赋予了新的内涵：要创造财富，增加财富，维持财富，保护财富，享受财富；要提高自己的生活质量。

二十国集团是一个国际经济合作论坛，它的宗旨是为推动发达国家和新兴市场国家之间就实质性问题进行讨论和研究，以寻求合作并促进国际金融稳定和经济持续发展。二十国集团由美国、英国、日本、法国、德国、加拿大、意大利、俄罗斯、澳大利亚、中国、巴西、阿根廷、墨西哥、韩国、印度尼西亚、印度、沙特阿拉伯、南非、土耳其共19个国家以及欧盟组成。这些国家的国民生产总值约占全世界的85%，人口则将近世界总人口的2/3。本选题立足二十国集团，希望读者通过阅读能够全面了解这20个经济体，同时，能够对财富有一个全面而清醒的认识。

即使在基本写作思路确定后，对本书的编写还是有些许的担忧，但是工作必须做下去，既然已经开始，我们绝不会半途而废。在编写过程中，书稿大致从以下几个方面入手：

1. 立足G20成员国的经济、财富，阐述该国的经济概况、经济地理、经济历史、财富现状、财富人物以及财富未来的发展战略等。

2. 本书稿为面对青少年的普及型读物，所以在编写过程中尽量注重知识性、趣味性，力求做到浅显易懂。

3. 本书插入了一些必要的图片，对本书的内容进行了恰到好处的补充，以更好地促进读者的阅读。

尽管我们付出了诸多的辛苦，然而由于时间紧迫和能力所限，书稿错讹之处在所难免，敬请各方面的专家学者和广大读者批评指正，我们将不胜感激！

编 者

2012年11月

目录 CONTENTS

开 篇　二十国集团是怎么回事

二十国集团,由八国集团(美国、日本、德国、法国、英国、意大利、加拿大、俄罗斯)和11个重要新兴工业国家(中国、阿根廷、澳大利亚、巴西、印度、印度尼西亚、墨西哥、沙特阿拉伯、南非、韩国和土耳其)以及欧盟组成。

二十国集团简介

二十国集团,由八国集团(美国、日本、德国、法国、英国、意大利、加拿大、俄罗斯)和11个重要新兴工业国家(中国、阿根廷、澳大利亚、巴西、印度、印度尼西亚、墨西哥、沙特阿拉伯、南非、韩国和土耳其)以及欧盟组成。按照惯例,国际货币基金组织与世界银行列席该组织的会议。二十国集团的 GDP 总量约占世界的85%,人口约为40亿。中国经济网专门开设了"G20 财经要闻精粹"专栏,每日报道 G20 各国财经要闻。

> **【走近二十国集团】**
>
> 二十国集团,又称G20,它是一个国际经济合作论坛,于1999年12月16日在德国柏林成立,属于布雷顿森林体系框架内非正式对话的一种机制,由原八国集团以及其余12个重要经济体组成。

二十国集团的历史

二十国集团的建立，最初是由美国等 8 个工业化国家的财政部长于 1999 年 6 月在德国科隆提出的，目的是防止类似亚洲金融风暴的重演，让有关国家就国际经济、货币政策举行非正式对话，以利于国际金融和货币体系的稳定。二十国集团会议当时只是由各国财长或各国中央银行行长参加，自 2008 年由美国引发的全球金融危机使得金融体系成为全球的焦点，开始举行二十国集团首脑会议，扩大各个国家的发言权，它取代了之前的二十国集团财长会议。

二十国集团的成员

二十国集团的成员包括：八国集团成员国美国、日本、德国、法国、英国、意大利、加拿大、俄罗斯，作为一个实体的欧盟和澳大利亚、中国以及具有广泛代表性的发展中国家南非、阿根廷、巴西、印度、印度尼西亚、墨西哥、沙特阿拉伯、韩国和土耳其。这些国家的国民生产总值约占全世界的 85%，人口则将近世界总人口的 2/3。二十国集团成员涵盖面广，代表性强，该集团的 GDP 占全球经济的 90%，贸易额占全球的 80%，因此，它已取代 G8 成为全球经济合作的主要论坛。

【走近二十国集团】

二十国集团是布雷顿森林体系框架内非正式对话的一种机制，旨在推动国际金融体制改革，为有关实质问题的讨论和协商奠定广泛基础，以寻求合作并促进世界经济的稳定和持续增长。

二十国集团的主要活动

　　二十国集团自成立至今,其主要活动为"财政部长及中央银行行长会议",每年举行一次。二十国集团没有常设的秘书处和工作人员。因此,由当年主席国设立临时秘书处来协调集团工作和组织会议。

　　会议主要讨论止式建立二十国集团会议机制以及如何避免经济危机的爆发等问题。与会代表不仅将就各国如何制止经济危机进行讨论,也将就国际社会如何在防止经济危机方面发挥作用等问题交换意见。

　　1999 年 12 月 15 日至 16 日,第一次会议暨成立大会,德国柏林;

　　2000 年 10 月 24 日至 25 日,第二次会议,加拿大蒙特利尔;

　　2001 年 11 月 16 日至 18 日,第三次会议,加拿大渥太华;

　　2002 年 11 月 22 日至 23 日,第四次会议,印度新德里;

2003 年 10 月 26 日至 27 日，第五次会议，墨西哥莫雷利亚市；

2004 年 11 月 20 日至 21 日，第六次会议，德国柏林；

2005 年 10 月 15 日至 16 日，第七次会议，中国北京；

2006 年 11 月 18 日至 19 日，第八次会议，澳大利亚墨尔本；

2007 年 11 月 17 日至 18 日，第九次会议，南非开普敦；

2008 年 11 月 8 日至 9 日，第十次会议，美国华盛顿；

2009 年 4 月 1 日至 2 日，第十一次会议，英国伦敦；

2009 年 9 月 24 日至 25 日，第十二次会议，美国匹兹堡；

2010 年 6 月 27 日至 28 日，第十三次会议，加拿大多伦多；

2010 年 11 月 11 日至 12 日，第十四次会议，韩国首尔；

2011 年 2 月 18 日至 19 日，第十五次会议，法国巴黎；

2011 年 11 月 3 日至 4 日，第十六次会议，法国戛纳；

2012 年 6 月 17 日至 19 日，第十七次会议，墨西哥洛斯卡沃斯。

二十国集团的相关报道

1.加拿大：防止债务危机恶化

作为峰会主席国，加拿大主张：各成员国应就未来5年将各自预算赤字至少减少50%达成一项协议，以防止主权债务危机进一步恶化；会议应发出明确信号，收紧刺激性支出，即当各国刺激计划到期后，将致力于重整财政，防止通货膨胀。

【走近二十国集团】

以"复苏和新开端"为主题的二十国集团领导人第4次峰会于2010年6月26日至27日在加拿大多伦多召开。此次峰会正值世界经济出现好转趋势，但欧元区主权债务危机爆发又给全球经济走势增添诸多变数之际。在此背景下，与会的主要发达国家及发展中国家对这次峰会的立场受到国际舆论的高度关注。

加拿大还认为，应建立有效的金融调节国际机制，进一步提高银行资本充足率，以防止出现新的金融机构倒闭。不应由纳税人承担拯救金融机构的责任；加强世界银行、国际货币基金组织和多边开发银行的作用，支持国际货币基金组织配额改革，反对开征银行税，认为设立紧急资金是更好的选择。

此外，加拿大还表示，各成员国应承诺反对贸易保护主义，促进国际贸易和投资进一步自由化，确保经济复苏；增加对非洲的发展援助。

2.美国：巩固经济复苏势头

美国是世界头号经济强国，也是本轮金融危机的发源地。根据美国官

方透露的信息,美国政府对此次峰会的主要立场包括:巩固经济复苏势头;整顿财政政策;加强金融监管,确立全球通用的金融监管框架。美国希望与各国探讨国际金融机构的治理改革等问题。

【走近二十国集团】

二十国集团的宗旨是为推动已工业化的发达国家和新兴市场国家之间就实质性问题进行开放及有建设性的讨论和研究,以寻求合作并促进国际金融稳定和经济的持续增长。

美国财政部官员说,中国日前宣布进一步增强人民币汇率弹性,其时机对二十国集团峰会"极有建设性"。欧洲宣布将公布对银行业进行压力测试的结果,这将有助于恢复市场信心。

美方对这两项宣布感到鼓舞。

3.巴西:鼓励经济增长政策

根据从巴西外交部得到的消息,巴西将在二十国集团峰会上提出要求各国继续鼓励经济增长政策、加快金融市场调节机制建设的主张。

巴西认为,当年4月结束的世界银行改革"令人满意",但在今后几年中还应在各国投票权上实现进一步平等。此外,峰会应从政治层面强调国际货币基金组织改革。

巴西政府主张二十国集团应发挥更大作用,因为当今世界,二十国集团已显示出了高效讨论各种重要议题的论坛作用。同时,二十国集团也需从主要讨论金融危机拓展到其他问题,如发展、能源和石油政策等。

4.俄罗斯:主张二十国集团机制化

俄罗斯曾经在峰会上就二十国集团机制化、推动国际审计体系改革、建立国际环保基金等具体问题提出一系列倡议。

梅德韦杰夫曾经在会见巴西总统卢拉后说,现在需要努力将二十国集团打造成一个常设机构,以便对国际经济关系产生实际影响。

梅德韦杰夫还在接见美国知名风险投资公司负责人时表示,原有的国际审计体系已经被破坏,俄罗斯目前正在制定改革这一体系的相关建议。他说,二十国集团峰会应对关于审计改革的议题进行讨论。

在防范金融风险方面,俄罗斯可能提出两套方案:一是开征银行税并建立专门的援助基金;另一方案是在发生危机时,国家向银行提供资金支持,但危机过去后,银行不仅要返回资金,还要支付罚款。

5 日本:期望发挥积极作用

日本外务省经济局局长铃木庸一则在记者会上表示,在发生国际金融和经济危机、新兴国家崛起等国际秩序发生变化的形势下,二十国集团是发达国家和新兴国家商讨合作解决全球问题的场所,日本可以继续为解决全球问题发挥积极作用。

> **【走近二十国集团】**
>
> 铃木庸一说,从支撑世界经济回升、遏制贸易保护主义的观点出发,二十国集团首脑应表明努力实现多哈谈判早日达成协议的决心。

日本期望峰会能深入讨论如何应对全球性问题并达成一些协议,发达国家和新兴国家能够更多地开展合作,共同致力于解决经济、金融等方面的全球性课题。

6.南非:希望从国际贸易中受益

对于二十国集团峰会,南非政府希望在峰会上重申,南非将与其他国家加强贸易进出口联系,以使其在国际贸易交往中受益。对此,南非方面呼吁重建世界贸易经济交往秩序和规则,予以发展中国家新兴经济体以更多的优惠与权利,与其他发展中国家携手重建世界贸易新秩序。

南非经济学家马丁·戴维斯认为,二十国集团峰会本是西方世界的产物,如今以中国、南非、巴西、印度等新兴经济体为代表的发

展中国家需要联合起来，打破国际经济旧秩序，建立更加平衡、公平、长效、利于世界经济全面复兴的新国际经贸秩序。

【走近二十国集团】

在推进国际金融监管改革方面，欧盟将力主就征收银行税达成协议。除此之外，欧盟还提出要在峰会上探讨征收全球金融交易税的可能性。

7. 欧盟：实施退出策略需加强协调

对于欧盟来说，在实施退出策略上加强国际协调和继续推进国际金融监管改革，将是其在峰会上的两大核心主张。

欧盟曾经掀起了一股财政紧缩浪潮，但在如何巩固财政和维护经济复苏之间求得平衡的问题上与美国产生分歧。在退出问题上美欧如何协调将是多伦多峰会的一大看点。

8. 印度：征银行税不适合印度

印度政府官员表示，在峰会上，新兴经济国家与发达国家在如何促进世界经济复苏的问题上将产生不同意见。

各国应对金融危机的情况不同，经济增长形势不同，西方国家必

须认识到这一点。

印度官员指出,欧盟目前被一些成员国的财政赤字和债务危机所困,法德两国都希望收缩开支。但德国如果采取财政紧缩政策,它可能会陷入双重经济衰退,而且整个欧盟的经济也将随之收缩,这不利于世界经济复苏。

印度官员同时表示,美国政府最近提出要征收银行税和加强对银行的政策限制,西方很可能要求印度等国也采取类似措施,但这并不适合印度,因为印度的金融体系相当健康。

9 中国:谨慎决策防范风险

中国外交部副部长崔大凯曾经在媒体吹风会上说,多伦多峰会是二十国集团峰会机制化后的首次峰会,具有承前启后的重要意义。中方希望有关各方维护二十国集团信誉与效力,巩固该集团国际经济合作主要论坛的地位。

中方在此次峰会上强调,为推动全球经济稳定复苏,各国应保持宏观经济政策的连续性和稳定性;根据各自国情谨慎确定退出战略的时机和方式;在致力于经济增长的同时防范和应对通胀和财政风险;反对贸易和投资保护主义,促进国际贸易和投资健康发展。

中方还指出,为实现全球经济强劲、可持续增长,发达国家应采取有效措施解决自身存在的问题,以减少国际金融市场波动;发展中国家应通过改革和结构调整,以促进经济增长。

集团宗旨

二十国集团属于非正式论坛,旨在促进工业化国家和新兴市场国家

【走近二十国集团】

二十国集团还为处于不同发展阶段的主要国家提供了一个共商当前国际经济问题的平台。同时,二十国集团还致力于建立全球公认的标准,例如在透明的财政政策、反洗钱和反恐怖融资等领域率先建立统一标准。

就国际经济、货币政策和金融体系的重要问题开展富有建设性和开放性的对话,并通过对话,为有关实质问题的讨论和协商奠定广泛基础,以寻求合作并推动国际金融体制的改革,加强国际金融体系架构,促进经济的稳定和持续增长。

2011巴黎G20财长会议

全球瞩目的二十国集团财政部长和央行行长会议于当地时间2011 年 10 月 15 日在法国巴黎闭幕,此次会议是在全球经济尤其是欧债危机深度演化的背景下召开的,吸引了各方关注。

会上,各成员国财政领袖支持欧洲方面所列出的对抗债务危机的新计划,并呼吁欧洲领导人在 23 日举行的欧盟峰会上对危机采取坚决行动。

此外,与会各方还通过了一项旨在减少系统性金融机构风险的大银行风险控制全面框架。

在本次财长会上,全球主要经济体对欧洲施压,要求该地区领导人在当月 23 日的欧盟峰会上"拿出一项全面计划,果断应对当前的挑战"。

呼吁欧元区"尽可能扩大欧洲金融稳定基金(EFSF)的影响,以便解决危机蔓延的问题"。

有海外媒体报道称,欧洲官员正在考虑的危机应对方案包括:将希腊债券减值多达 50%,对银行业提供支持并继续让欧洲央行购买债券等。

决策者还保留了国际货币基金组织(IMF)提供更多援助,配合欧洲行动的可能性,但是对于是否需要向 IMF 提供更多资金则意见不一。

当天的会议还通过了一项旨在减少系统性金融机构风险的新规,包括加强监管、建立跨境合作机制、明确破产救助规程以及大银行需额外增加资本金等。

根据这项新规,具有系统性影响的银行将被要求额外增加1%至2.5%的资本金。

二十国集团成员同意采取协调一致措施,以应对短期经济复苏脆弱问题,并巩固经济强劲、可持续、平衡增长基础。所有成员都应进一步推进结构改革,提高潜在增长率并扩大就业。

金融峰会

二十国集团金融峰会于2008年11月15日召开,作为参与国家最多、在全球经济金融中作用最大的高峰对话之一,G20峰会对应对全球金融危机、重建国际金融新秩序作用重大,也因此成为世界的焦点。

金融峰会将达成怎么样的结果?对今后一段时间的全球经济有何推动?对各大经济体遭受的金融风险有怎样的监管和控制?种种问题,都有待回答。

第一,拯救美国经济,防止美国滥发美元

目前美国实体经济已经开始衰退,为了刺激总需求,美联储已经将基准利率降到了1%,并且不断注资拯救陷入困境的金融机构和大型企业,这些政策都将增加美元发行,从而使美元不断贬值。

美元是世界货币,世界上许多国家都持有巨额的美元资产,美国

【走近二十国集团】

如何拯救美国经济,防止美国滥发美元;要不要改革IMF,确定国际最后贷款人;必须统一监管标准,规范国际金融机构活动。这里对峰会做出的三大猜想,一定也有助于读者更好地观察二十国集团金融峰会的进一步发展。

滥发货币的行为将会给持有美元资产的国家造成严重损失。因此，金融峰会最迫在眉睫的任务应是防止美国滥发货币，而为了达到这个目的，各国要齐心协力拯救美国经济，这集中体现在购买美国国债上。

截至2008年9月30日，美国联邦政府财政赤字已达到4548亿美元，达到了历史最高点，因此，美国财政若要发力，需要世界各国购买美国国债，为美国政府支出融资。因此，G20的其他成员要步调一致，严禁大量抛售美国国债，只有这样，才能稳住美国经济，自己手中的美元资产才能保值增值。

第二，改革IMF，确定国际最后贷款人

查尔斯·金德尔伯格在其脍炙人口的《疯狂、惊恐和崩溃：金融危机史》里指出，最后贷款人对解决和预防金融危机扩散至关重要。如果危机发生在一国之内，该国的中央银行可以充当这一角色，但是如果其演变为区域性或全球性金融危机，就需要国际最后贷款人来承担这一角色了。

1944年成立的国际货币基金组织（IMF）就是为了稳定国际金融秩序而建立的一个国际最后贷款人。但是，IMF本身实力有限，只能帮助应对规模较小的金融危机，而且一直受美国利益的支配，在援助受灾国的时候，往往附加苛刻的政治条件，限制了受灾国自主调控经济的自主性，往往在解决金融危机的同时导致严重的经济衰退。

在这次峰会中，G20其他成员，尤其是新兴经济体将更多地参与到IMF改革中来，包括要求更多的份额、在决策中拥有更多的发言权等。但是IMF的问题还不止于此。IMF成立之初主要为了应对贸易

> **【走近二十国集团】**
>
> 在国际范围内，既不存在世界政府，也没有任何世界性的银行可以发挥这种功能，但是如果G20能够达成一种世界性的协议，共同应对更大规模的危机（例如由美国次贷风暴所引发的金融危机），将成为一种次优选择。

赤字所带来的国际收支失衡,但是今天的问题是资本流动成了影响一国国际收支的主要因素,在巨量的资本流动面前,IMF 发挥的"救火"功能十分有限。在这种情况下,应确定规模更大的、协调功能更好的、能应对巨额资本流动冲击的国际最后贷款人。

第三,统一监管标准,规范国际金融机构活动

这次危机的根源之一是美国金融监管过度放松。作为金融全球化的主要推动者,美国对其金融机构和金融市场创新的监管越来越宽松,在这种宽松的环境下,其投资银行、商业银行和对冲基金等金融机构高杠杆运营,在全球其他国家攻城略地,屡屡得手。例如,1992 年的英镑和里拉危机,1997 年的亚洲金融危机,在很大程度上都是对冲基金兴风作浪的结果。由于这些机构在全球运行,可以通过内部交易或者跨国资本交易来逃避世界各国的金融监管,因此,统一监管标准,规范国际金融活动,就成了除美国之外,G20 其他成员的共同心声。美国也想加强金融监管,但是它更清楚要掌握监管

规则制定的主动权。如果放弃主动权，美国在国际金融体系中的霸权地位将会被极大撼动，这是美国金融资本所不愿看到的，而这也恰恰是G20其他成员的金融资本所诉求的。欧盟成员国在这个问题上早早表明了立场，预计在金融峰会上，美国或者置之不理，或者与G20中的欧盟成员国展开一番唇枪舌剑。经济和政治犹如一对孪生兄弟，如影随形。这次金融峰会不光要应对全球经济危机，更关系到美国相对衰落之后的全球利益调整。这个讨价还价的过程不是一次金融峰会就可以解决的，未来更多的峰会将接踵而来。目前，中国是世界上仅次于美国的第二大经济体，拥有全球最多的外汇储备，其他各国都盯住了中国的"钱袋子"，更加关注中国的动向。中国应抓住这次世界经济和政治格局调整的机会，主动发挥大国的作用，参与国际规则的制定，为中国的崛起、为全球金融和经济的长治久安做出自己的贡献。

【走近二十国集团】

　　二十国集团成员涵盖面广、代表性强，该集团的GDP占全球经济的90%，贸易额占全球的80%，因此已取代G8成为全球经济合作的主要论坛。

第一章　文明与图腾的对话

　　土耳其目前位列全球十大新兴市场国家之列。经济中，服务业、工业、农业所占 GDP 的比重分别为 63.9％、21.8％和 14.3％〔1999 年〕。服务业中以旅游、银行、建筑业较发达；工业较落后，产业部门不全，生产工艺及技术水平较低，唯制农业较发达；农业以麦子、棉花、橄榄、烟叶、茶叶、豆类植物生产为主，机械化水平不高。

如何才能养成投资的好习惯呢？首先，必须要有投资思想。无论你现在钱多还是钱少，在领到工资之后的第一件事情就是拿出一部分钱来进行投资，可能刚开始的时候，生活会比较拮据，但是坚持下来之后，养成了投资的习惯就是创造财富的时候了。其次，最大限度地减少开支，让我们支出的钱满足效用最大化。减少开支出现在日常生活中的每个角落，大到房子、车子的购买，小到柴米油盐的选择上，都是实现减少开支的重要方面。理财的资本是我们生活开销的结余，省下的越多，能够用来投资的也就越多。最后是时刻提醒自己坚持理财习惯，虽然养成习惯的事情很少能够被改变的，但是一旦习惯被打破，就不能再被称为习惯了，只有坚持才能取得最终的胜利。

第一节 袖珍小岛

鸟岛是土耳其爱琴海地区最具吸引力的旅游胜地,位于伊兹密尔以南92公里的海边,在地图上你只要找到Kusadasi便可,其音译为库什阿达瑟,意译则为鸟岛。

真正的鸟岛应该是指海边一个袖珍小岛,古代岛上多鸟类,因而得名,现在小岛的名称为鸽子岛。小岛上有一相传海盗建于14—15世纪的古堡,现已成为大型迪斯科舞厅。岛上还有不少松树以及鲜花盛开的花园。岛虽然不大,但却小巧可爱,游人来此莫不登岛游玩一番。陆地与小岛之间有长堤相连,上岛十分方便。

当然现在说鸟岛已不是光指这座小岛,而是指连同岸上的街道组成的小城。古代这里就曾是埃菲斯城中有钱人的度假胜地。到奥斯曼帝国时期它又成了一个小有名气的贸易港口,上世纪70年代以前,这里还一直是一个宁静的小城,但城市附近的美丽海湾、宽阔的沙滩和便利的码头就注定了它要成为一座旅游者的天堂。近几十年来这里的游客越来越多,相应地这里海边的酒店、度假村、海鲜餐馆和迪斯科舞厅也如雨后春笋般越开越多。小城的夜晚更是热闹,白天在海边和各景点玩了一天的游客晚上都拥到街上,三五成群地逛街、购物。街上的店铺

【走近土耳其】

1923年土耳其共和国成立后,1926年开始实施新的民法,该法令废除了一夫多妻制,规定男女平等享有宗教、结婚、离婚和儿童监护权等权利。

则家家灯光通明,把夜晚照得如同白昼,店中的伙计则使尽浑身解数,忙着招徕顾客,以求利用这天时地利人和赚个盆满钵满。这就是鸟岛的魅力所在。你如果到土耳其旅游,一定要去体验一下才好。

土耳其以其历史古迹众多闻名,素有"露天博物馆"的美称。而这一点在其爱琴海地区表现得尤为突出。爱琴海沿岸星罗棋布,到处散布着历史胜迹,鸟岛周围亦然。不少游客便是以鸟岛作为基地,在这里下榻,白天则去周围的景点旅游。现就这些景点择其要者作些重点介绍:

普瑞内

普瑞内位于鸟岛以南麦安德尔河谷北面的山坡上,是一座典型的爱奥尼亚城市。它创建于公元前450年,由当时著名的城市规划师希波达摩斯设计,城市的不同社区都被严格地安排在各个方块之中,横平竖直,十分整齐,因此就现存的古

代遗址来看,普里尼无疑是属于最具观赏价值的古城遗址之一。公元12世纪时,因河流泥沙淤积以及疟疾流行,导致该城被完全废弃。现在普里尼的主要古迹有保存相当完好的希腊风格的马蹄形剧场以及爱奥尼亚人建筑方面的杰作雅典娜神庙。

米莱特

古称米利都(Mıletus),这是位于普瑞内南面的又一座古城遗址。米莱特的历史可追溯到青铜器时代的中叶,即公元前16世纪,最早的居民据说来自克里特岛,这可由出土的陶器加以证明,而荷马认为这里最早的居民是卡里亚人。希罗多德则认为,希腊人入侵之前,这里的居民是克里特人和卡里亚人。希腊人入侵时杀死了原有居民中的所有男子,霸占了他们的妻女,但这些女子刚烈异常,誓死不从,她们宁愿割断自己的喉咙,也不愿与入侵者同床共枕。有一点可以肯定的是,这座城市是在爱奥尼亚人手上兴旺起来的,当时它成了一座富裕的商业城市,并且是爱奥尼亚联盟最主要的城市和港口。波斯人的入侵给城市带来了灾难,米莱特被夷为平地,但它在反抗波斯人统治的斗争中发挥了重要作用。公元前5世纪中叶,城市按照良好的规划进行了重建。到罗马统治时期米莱特进入了它的黄金时期,但在后来的拜占庭时期由于海湾遭泥沙淤积无

【走近土耳其】

在土耳其农村,举行正式婚礼之前,还有些传统的习俗。首先是举行婚礼的前几天,男方的母亲要邀请新娘去浴室洗澡,称之为"新娘浴",双方还有多名女眷陪同,女方包括新娘的母亲、姐妹、嫂子和最亲密的女友。浴后小憩时吃时鲜水果,来去乘马车。新娘浴的费用都由男方母亲支付。出浴室后到女方家中小坐,女方要招待众人喝加柠檬的红茶。在锡瓦斯地区,这被称之为"开脚澡"。新郎也洗澡,但没有那么讲究,由结了婚的男傧相在结婚前几天带他去浴室洗澡即可,来去可步行。

法使用,城市重要性大不如前,逐渐归于衰亡。

　　尽管岁月荏苒,当年的辉煌已不复存在,这里只剩下残垣断壁,但即使如此,这里残留的雄伟建筑仍然吸引大批游人的兴趣。其中最为壮观的当数修建于公元前1世纪的古剧场,它依山势而建,可容纳1.5万人。剧场设有皇室包厢,最前面几排的座位则刻着某些人或家族的名字,属于他们的专座。

　　古城中现存最老的建筑是议事厅, 它建于公元前175年至前164年间。议事厅院内有一座建于公元2世纪的3层罗马式建筑,上面饰有美丽少女的浮雕。

　　这里保存最为完好的建筑当数福斯蒂娜浴室,它约建于公元150年,是献给当时以奢侈闻名的皇后福斯蒂娜的,除浴室之外,该建筑内还有一座体育馆。在浴室入口大厅处有修行的地方和用于演讲和辩论的房间。

　　另外,古城附近的伊利亚斯贝伊清真寺也不失为建筑艺术上

的杰作。它修建于1404年,为奥斯曼王朝之前统治这里的土耳其人门提斯王朝所建造。

迪迪玛

这里的阿波罗神庙很值得一看,它虽受到一定损坏,但应该说总体上格局保存完好。从其残留的墙壁和依然耸立的几根石柱来看,当年的规模非常宏大,当时它是建在一个长100米、宽50米的巨大喷泉建筑上的。据说,在公元前4世纪,亚历山大大帝在打败了波斯人之后,为庆祝自己被宣布为宙斯的儿子下令建造了这座神庙,他从波斯人手里夺回阿波罗的宗教塑像供奉于此。历史上这座神庙曾是阿波罗的避难所和希腊神谕的中心, 在当地,基督教从未被完全地确认为正式的宗教。

阿波罗神庙是爱奥尼亚人建筑史上的又一杰作。其具有独特风格的大理石浮雕和画廊, 两千多年来基本上没有受到严重破坏。它的一幅紧锁双眉、长发卷曲如蛇形的邪恶女神梅杜莎头像浮雕非常有名,它已成为土耳其用作旅游宣传最常用的图像之一。

所以,你如果到了鸟岛,有时间一定到这二座古城逛一逛,如果时间紧凑,那就去迪迪玛参拜一下阿波罗神庙吧!

第二节　凝固多层瀑布"棉花堡"

　　这是又一处土耳其旅游的标志性景观,其独特的风貌使人看后终生难忘。它位于伊兹密尔以东代尼兹利附近19公里处,是由高达35℃且富含矿物质的地下温泉从100米高的山上不断流下冲击而成的。由于温泉常年累月的作用,使当地的石灰岩形成状似梯田的一层一层乳白色钟乳石结晶,远远望去犹如一座巨大的古堡,由于通体白色,故被称为帕穆卡莱,意为"棉花古堡",近处看去则像是多层的瀑布突然被定格住了一样。总之,其奇特美妙的景观冲击着人们的视觉,使人仿佛置身虚幻世界,游客看后莫不啧啧称奇。类似的景观近年来在我国西南喀斯特地区好像也有发现,但规模要小得多,与帕穆卡莱相比可是小巫见大巫了。由于温泉对风湿、哮喘、眼疾和皮肤病皆有疗效,因此,自古以来这里就吸引着众多病人前来利用温泉进行治疗。现在景点上面专门建有帕穆卡莱酒店,其游泳池水也是来自温泉,专门用于满足前来治病者的要求。最奇妙的是,大概游泳池就是由古代的温泉浴池改建而

【走近土耳其】

　　订婚几天后男方的母亲带一帮女眷,包括女方家的亲戚,当地头面人物、女方的朋友等,约15~20人去女方家中拜访。她们要随身带一些小礼品,如化妆品、钱包、手织毛袜、拖鞋等。一般在女方家中从早到晚待一天,吃喝由女方招待,这称之为"查访",主要目的是观察女方家庭情况以及姑娘本人的行为举止。过一些时候女方也要以同样方式到男方家中拜访,送的礼品有无领衬衫、钱袋、袜子、床单、内衣等。

来,游泳池中还有残存的罗马时代的石柱倒卧其间,病人一边在温泉水中漫步,一边还可欣赏水中的历史古迹。

笔者曾多次前往棉花堡,并曾在温泉水中光脚从顶部一直走到最下一层,但现在好像已经不允许徒步在水中行走了,这肯定是出于保护环境的考虑。但即使不能亲自下水行走,来到这里观赏一番,饱饱眼福,还是一件十分惬意的事情。

游完棉花堡还可去旁边的赫拉波里斯(Hierapolis)遗址看看,它是由贝尔加玛国王尤门内斯二世于公元前190年所建,公元2—3世纪时,它作为古罗马的温泉浴中心,曾经一片繁荣。由于城市位于地震多发地带,受地震的破坏很大,17世纪时它在一场地震中毁于一旦,以致现在呈现在我们面前的只是残存的几处建筑。

这里的古剧场保存得比较完好,我们可以欣赏到大片的大理石石雕、纪念哈德良皇帝的两旁立着圆柱形石塔的纪念石门以及石门后面矗立着石柱的石头大道。在剧场下面是供奉冥王的小洞穴,在这里还可以听到喷涌的水流声。

其实古迹中最有名的地方应该是大片的古墓地,古代经常有成百上千的人来到这个温泉之都治病,有些人治好了病便返回了家乡,也有些人病未治愈,却在这里去世,于是只好根据各自的习俗在这里下葬。这样久而之便形成了大片具有各自特色的陵墓,留传到现在,这居然成为赫拉波里斯的一景,真是有点匪夷所思,你说是吧?

第三节　游艇爱好者的天堂

博德鲁姆位于土耳其正好西南角的位置,濒临爱琴海,是土耳其最具盛名的旅游胜地之一,它有神话和历史,也有壮观的古堡和海滩,还有美丽的港湾和众多的游艇。它不仅以古迹闻名,更是土耳其游艇业中心和喜爱乘船艇作近海游者的天堂。

博德鲁姆古称哈利卡纳苏斯,其历史相当悠久,最早可追溯到公元前11世纪的多尔人,他们建造的古堡遗址后来被发现,由此得以证明。

公元前7世纪时哈利卡纳苏斯成为海克萨波利斯——多尔联盟的6个成员之一,联盟的其他成员包括对面的科斯岛以及稍远处的罗得岛上的3个城邦。

公元前5世纪时此处已完全为后来兴起的爱奥尼亚人所控制。古希腊时期的"历史之父"希罗多德就出生在这里,他生于公元前485年,卒于公元前425年。此后,哈利卡纳苏斯成为波斯帝国的藩属。公元前377年摩索洛斯国王作为卡里亚和哈利卡纳苏斯总督统治了该城。位于博德鲁姆的摩索洛斯陵墓当年曾被列

【走近土耳其】

在婚礼前一周,男方要把结婚时新娘穿的新衣、新鞋和镜子,男方买给女方父亲、兄弟和亲戚的衣料以及一笔钱放在一只安着大铜锁、三面装有镜子的手工衣箱里送到女方家中。女方的母亲接到箱子后要选一间房把所有的东西挂起来展览。结婚的前一天,女方把东西放回箱中,再加些女方送的礼,一起送回男方家中。

为"世界(实则为东地中海地区)七大奇迹"之一。

之后不久亚历山大大帝占领该城,接着该城又成了罗马帝国和拜占庭帝国的一部分。拜占庭帝国逐渐衰落之后,土耳其人、十字军东征以及蒙古军队都曾先后到过这里。1402年罗德岛的海盗头子圣约翰率人在此建造堡垒,工程持续近百年,这就是博德罗姆城内有名的圣彼得罗古堡。据说,博德罗姆的得名即源于此城堡。1522年,奥斯曼帝国的苏莱曼大帝最终将该城纳入土耳其版图。

圣彼得罗城堡

圣彼得罗城堡位于博德鲁姆市内,现为该市主要景点之一。当时它是海盗们的陆上据点,坚固异常,而且四面皆水,古堡坐落水中。这对于海盗们出海活动极为方便,但对于外人却是易守难攻。城堡内存有多个国家的人修建的堡塔,其中的狮子塔为英国人所建,最高处的堡塔由西班牙人所建。另有一处名为白塔的地

方则是奥斯曼苏丹阿卜杜尔哈密特二世时期流放犯人的场所。

城堡建成后除海盗们使用外,在不同时期,曾分别当作住宅、军事基地、澡堂、清真寺、监牢使用。

在城堡内,来自不同国家的人在不同时期绘有各种不同的图案,现在查明,共有249种之多。例如城堡的7座大门上绘有7种著名的海盗帮派的徽记。北面墙上甚至还有法国王室的徽记。因此对于研究海盗史的人来说,这座城堡是一处不可多得的宝地。此外,值得一提的是,博德鲁姆的水下考古博物馆也是游客必到之处。

摩索洛斯陵墓

摩索洛斯生前对繁荣哈利卡纳苏斯做出了很大贡献。他上任之前,该城只是个小城市,摩索洛斯上台后将首都从米拉萨(今米拉斯)迁至哈利卡纳苏斯,并为城市的发展开始了

多项雄心勃勃的工程项目，保存至今的古剧场就是其中之一。剧场可以容纳1.3万名观众。他还为该城修建了又高又大的城墙，并将附近6个城市的人口集中于此，以促进城市的繁荣。而与此同时，为应付高额的开支，他也对老百姓征收高额的赋税，甚至连留过肩长发也要课税。

摩索洛斯死后其妹妹兼妻子阿尔泰米西亚二世即位，她在位虽只有13年，但却成就了两件大事：一是用计谋战胜了来犯的罗得岛人，另一件便是为其兄长兼丈夫摩索洛斯修建了规模巨大、气势恢宏的陵墓。

罗得岛人组织了一支舰队企图占领哈利卡纳苏斯，阿尔泰米西亚二世事先探知敌人的计划，便将本国的舰船调离主港，分别藏匿于其他小港，待罗得岛的军队乘船进入主港刚准备登岸时，阿尔泰米西亚二世马上调集军队四面包围，使得罗得岛的军队全军覆没，接着她命令本国的军队换上对方的装束，登上对方的舰船向罗得岛进发，罗得岛人以为本国军队获胜而归，开城门迎接，谁知迎来的却是敌人的军队，结果可想而知，罗得岛人不仅未能占领对方，反而被对方打得大败。这显示了阿尔泰米西亚二世具有杰出的军事谋略和指挥才能，真是个

【走近土耳其】

婚礼前一天晚上，新娘与其女性亲朋好友和伴娘，聚在新娘家，这一晚叫"凤仙花(亦称指甲花)之夜"。即由一位双亲健在且并未离异过的妇女用新郎家拿来的指甲花捣碎后放入银器皿中替新娘涂在手和脚心，然后戴上头巾，并在头上撒红花瓣。上完指甲花后，那位妇女随即离开。姑娘们手持蜡烛簇拥着新娘，一面翩翩起舞，一面唱着民歌。接着新娘家要拿来花生、榛子、葡萄干等干果招待客人。新娘要把涂在手心上的凤仙花汁涂在家中的墙上，以给母亲留个纪念。再经一番歌舞后客人们便纷纷离去。这时让新娘坐在中间，新娘的母亲、兄弟、姐妹、其他亲戚开始哭诉离别之情。有些地方在给新娘上完凤仙花汁后要由一位女弹唱艺人演唱，这时新娘必须放声大哭，以表示对娘家恋恋不舍。哭一阵其他人会过来劝慰新娘停止哭泣。接着人们就根据某人的倡议，跳起欢乐的舞蹈，一直至深夜兴尽为止。

巾帼英雄。

她成就的第二件大事便是建造摩索洛斯陵墓。陵墓呈金字塔形,共有24阶台阶,塔顶是一座四马战车,坐着她和摩索洛斯。陵墓的地面高度同20层楼一样,从好远的地面便能看到,颇为壮观。因此,它同埃菲斯的阿耳忒米斯神庙一起进入了古代"世界(实为东地中海地区)七大奇迹"之列。后来西方多种语言就将陵墓称之为"摩索莱"(Moz01e),可见,摩索洛斯陵墓在西方影响之大。可惜该陵墓在经历了1500年的风雨之后终于坍塌,现在博德鲁姆留下的只是一处废墟,陵墓残存的精华部分都收藏在大英博物馆内。有些材料则被海盗们拿去修建他们的城堡了。

第四节　迷人的海滨城市马尔马里斯

　　马尔马里斯在博德罗姆的东面,古称菲斯科斯(Physkos),是小业细亚—罗得岛—埃及商路的重要一站,它位于雷夏迪耶半岛一处海湾边上,是一座天然良港。而且它背靠苍翠的群山,面对蓝色的大海,风景独好,也是一处景色迷人的海滨旅游胜地,这里尤其适宜于水上运动和近海航行,它是爱琴海岸边"蓝色之旅"的起点。驾着游艇,沿着这里的海岸边走边看,是件很充

满诗意的事情,因为这一带地势曲折,颇多港湾;岸边多山,层林叠翠;海平如镜,蓝得醉人;在山上可观海,在海上可看山,想想都令人陶醉。如果你到土耳其去,我建议你不妨去马尔马里斯一游,在这里租一艘游艇出游,包你称心如意。这里每年5月还举办马尔马里斯游艇展,这对想购买游艇的朋友来说一定是个福音。

如果你不想乘游艇出海,还可以去城市以东的阿塔图尔克公园,那里的浅滩非常安全,海水温度也适宜游泳,每年的5月初至9月底都可以游泳。

如果你喜欢参观古迹,便可去市内中世纪留下的古堡以及离市中心2公里的阿萨泰佩(Asartepe)遗址以及仍然保存完好的希腊式城墙一看。

伊契梅莱尔和图伦契

除此之外,马尔马里斯附近的许多景点也各具特色。如伊契梅莱尔就在马尔马里斯南面不远处的海边,那里山间云雾缭绕,山下沙滩绵延,不仅适合水上运动,而且风景引人入胜。从山路下来便到图伦契村,这里景色豁然开朗,远处是一片天然港湾,眼前是一片蔚蓝的海水,近观远眺,海边美景尽收眼底。

达特恰

再顺着雷夏耶迪半岛西行,便到了达特恰。这里四周都是海水,一望无际。小镇的房屋后则点缀着绿树和爬藤,显得干净而清新,从

【走近土耳其】

在土耳其,男女青年结婚时要举行隆重的婚礼,在城市里婚礼已趋于欧化。人们根据自己的经济条件把婚礼安排在大饭店或市政府办的婚礼厅举行,新娘穿白色或粉红色的婚纱,新郎穿黑色西服。但在广大农村地区婚礼基本上仍按传统方式进行。举行婚礼前女方要准备好嫁妆,男方置办齐婚后所用物品。婚礼一般在周二至周四间,或是周五开始,周末结束,婚礼所有费用均由男方承担。

达特恰再往西行便到了半岛顶端的古城克尼多斯(Knidos)。用古希腊学者斯特拉博的话说,这座古城是"在最美的半岛为最美的女神阿芙罗狄蒂而建的一座城市"。它是公元前4世纪有名的艺术和文化中心,古希腊雕塑家普莱克西泰勒斯(前390—前330)具有传奇色彩的作品阿芙罗狄蒂雕像是古代最为杰出的石雕,它曾经使这里的神庙大放异彩。现在古城最著名的遗址便是阿芙罗狄蒂神庙和古剧场,但古城的发掘工作仍在进行中。这座古城有两个港口,一个面向爱琴海,一个面向地中海,原来这里,或者说整个半岛便是爱琴海和地中海的分界线。

从科伊杰伊兹到考努斯

从马尔马里斯回到公路干线向东,便可到达科伊杰伊兹镇,它位于同名湖泊的北端,经河流与地中海相连,环境独特,现已列为自然和野生生物保护区。由此往南则可到达小村达里昂(Dalyan)。这里的海洋又是另一番景色,深入大海的地峡从空中俯

视像一只硕大的吊钩平卧海上，十分有趣。由此乘船沿河而行，在九曲盘桓之中可领略梦幻般的安静，而这里的鱼极为美味，不妨一尝。继续南行便可到达古代港口考努斯，在这里，你可以看到岸边的悬岩峭壁上有许多开凿而成的陵墓，其中最大的一座尚未完工。这些都是古代利西亚人(世居此地的古代民族，存在于约公元前1400—公元600年)所为。这些凿壁修成的陵墓，同我国重庆地区古代巴人修在悬崖上的石棺有异曲同工之妙，证明无论东方西方，某些古代民族都曾经有过这种在悬崖上殡葬的习俗，不过利西亚人的墓室比巴人的悬棺修凿得更为精美一些。

费蒂耶

从科伊杰伊兹再往东，便到了另一处海湾边上的费蒂耶，这里也是一处重要的码头，海湾内则散落着小岛，一座小山顶上还有一处罗得岛骑士团在十字军东征时修建的古堡遗址，而且这里也有修在悬崖上的古代石头墓室。但我以为费蒂耶最吸引人的地方还是这里海的颜色。本来，博德鲁姆以东的这一带海岸便以其湛蓝的海水闻名而被称作"绿宝石海岸"，而其中色彩最为绚丽的海，就在费蒂耶一带，就我个人而言，这应该是我平生见过的最美的海。这里的海水蓝得让人心醉，而有时它又呈鲜艳的蓝绿色，则更是扣人心弦，它可以沁入人的心底，让你永远难以忘怀。费蒂耶以南一处名为死海(OlOdeniz)湾的地方，那里

【走近土耳其】

进入洞房后，新郎新娘要互相轻踩对方的脚，但双方要设法不让对方踩着自己。然后新郎便可揭开新娘的盖头，同时把事先准备好的手镯或戒指、耳环之类的"见面礼"送给新娘，并亲自给她戴上。随后伴娘(称为嫂子)同新郎拉家常，新娘则去给新郎煮上咖啡端来，以开始互相熟悉。等到新郎新娘熟悉之后，嫂子便立即退出新房，留下新人共度洞房花烛之夜。这样婚礼的一天便告结束。

的海水便是如此。可以毫不夸张地说,即使拿蓝绿色的宝石与之相比,也会稍嫌逊色。对于土耳其的旅游业来说,死海湾蓝绿色的海已成为又一个吸引人眼球的特色景观,它经常出现在土耳其旅游杂志的封面上。

其实,费蒂耶以南以东一带还有许多的景点可看,难以一一尽述。这里只想介绍一下桑索斯(xanthos)这个利西亚的重镇。据希罗多德记述,公元前540年,当波斯将军哈泼格斯包围这里的堡垒时,利西亚人誓死不降,他们把妇女和儿童以及奴隶圈在围墙里面放火烧死,然后大无畏地冲出堡垒与敌人厮杀,最后全部战死。公元前42年,同样的事情再次发生,当恺撒被刺后两年,布鲁图率领军队包围了桑索斯,利西亚人在城堡周围挖了一条巨大的壕沟以阻挡敌人,布鲁图的军队则试图填平壕沟,双方为此展开激战,最终布鲁图获胜,但利西亚人已把城堡夷为平地,布鲁图得到的只是

一座空城。随后安东尼又打败了布鲁图,并用重金重修了桑索斯,使之成为罗马帝国利西亚的首府。从这两次战斗可以看出,利西亚人具有宁死不屈的大无畏精神。现在有关利西亚的文物都陈列在大英博物馆的利西亚展室中。19世纪英国人来到了这里,用船花了两个月时间运走了这些文物。

圣诞老人的故乡

说来十分有趣,圣诞老人的原型圣尼古拉斯并非出生在冰天雪地的北国,而就出生在费蒂耶南面的海滨城市帕塔拉(Patara)。这也是一处度假胜地,其长达18公里的白色沙滩是许多外国旅游者的最爱。现在城市规模虽然不大,但在古代它却是利西亚地区的名城之一。

圣尼古斯出生于公元4世纪,成年后曾去巴勒斯坦和埃及游历,回到故乡后就任不远处迈拉(Myra,又称Demre)地区的主教,直到去世。据说,他死后便被安葬在迈拉著名的圣尼古拉斯教堂的石棺里。

此人极富爱心,生活又有些神秘。将他与圣诞老人联系起来是源于两个传说,一说他曾将三袋金币放进一个身处危难之中的商人家中,以使商人的三个女儿得以筹办嫁妆,顺利出嫁。另一传说是他曾拯救了三名青年的性命,使他们免成刀下之鬼。从此他便声名远扬,逐渐成为希腊和俄国的慈善机构以及海员、游客、囚犯、未婚女性、典当行商人以及孩子们的庇护人。据认为,世界上典当行的标志——三个金球便来源于上述第一个传说。

> **【走近土耳其】**
>
> 土耳其人的名字都有含义。有的是根据出生的时间,如"巴伊拉姆"(节日)、"夏发克"(黎明)、"巴哈尔"(春天)、"拉马占"(守斋节);正值下雨就叫"亚姆尔",打雷时叫"尤尔德勒姆";表示不再要孩子了,就叫"耶特尔"或"宋古尔"。取好名字后,由阿訇或是家长把孩子托起,面朝麦加,对着左耳念《古兰经》,对着右耳连叫三声孩子名字。

　　首先把他作为圣诞老人的是日耳曼人。他们在每年的12月6日欢庆节日时总要把礼物放进孩子们的木底鞋中,这一风俗很快便同圣诞节联系起来,放礼物的地方也由鞋子变成了长筒袜。后来这种习俗逐渐传遍改革派教堂并传至法国等地,再后来移居美洲的荷兰人将其塑造成一位喜欢行善的魔术师,而在美国和英国他逐渐被奉为流行互赠礼品的圣诞节的保护神,这样他就成了圣诞老人。圣诞老人现在流行的穿着红袍子、长着白胡子的快乐老人形象则要归功于可口可乐公司,这是他们上个世纪一次广告策划中的杰作。

　　圣诞老人居然同地处温带的土耳其扯上了关系,这一点恐怕你怎么也想不到吧?但世事就是如此难料,作为圣诞老人的原型,圣尼古拉斯主教就出生在土耳其的地中海岸边,而且他就长眠于属于他的那座石棺中,任人凭吊。

第五节　地中海地区的旅游中心安塔利亚

安塔利亚位于土耳其地中海海岸的中段，它以蔚蓝的大海、白色的沙滩、明媚的阳光以及众多历史古迹和迷人的自然风光而著称，是除了伊斯坦布尔以外土耳其另一个旅游中心。它的亚热带风情和长达近300天的游泳季节吸引着大批游客，对于对大海、沙滩和阳光情有独钟的欧洲旅游者而言，安塔利亚的吸引力甚至超过伊斯坦布尔。安塔利亚有100万人口，而平时来此度假的人数量常常会达到它原有人口的三分之一至二分之一，其旅游业的兴旺由此可见一斑。

安塔利亚每年举办"金橘电影节"和"珠宝展览会"，这进一步提高了其知名度，也吸引更多的外国游客和参观者来此参观游览。

安塔利亚系公元前159年贝尔加玛国王安塔洛斯二世所建，并以他的名字命名。原来，东面的西代是这一带最古老的城市，安塔洛斯来后久攻不克，遂决定在西代不远处建一新城，这便是安塔利亚，久而久之，它便取代西代，成为这一带著名的海港城市。公元前133年，它落入罗马人手中，后来则成为拜占庭帝国的领地。其间公元7世纪，它在阿拉伯人入侵时曾遭受严重破坏，后逐渐恢复。十字军东征时，

【走近土耳其】

在土耳其常常听到这样的说法：土耳其烹调仅排在中国菜和法国菜之后，列世界第三。且不论这种说法有何根据，单就食品种类的丰富和饭菜制作的精美程度而言，土耳其菜的确可以自成体系，享誉一方。

它曾是他们前往圣地之前的集结地。在14世纪90年代奥斯曼统治之前，塞尔柱人也曾是该城的主人。

市中心45米高的伊夫利(Yivli)尖塔，系塞尔柱时期所建，它在周围一片老式房屋中显得十分突出，是安塔利亚市的象征性标志。旁边有座钟楼，建于1244年，它是古城区的入口标志。下山往南则可见到建于公元130年的哈德良门，这是一座三重拱形结构的白色大理石建筑，系为纪念哈德良国王来此巡视而建。位于卡拉阿里奥卢公园最东面的建筑曾是拜占庭时期的一个教堂，13世纪被塞尔柱苏丹阿拉埃丁·凯伊库巴特改建成清真寺，后曾倒塌并于14世纪在其遗址上重建。这就是现在的"半截塔清真寺"，其宣礼塔尖可能毁于1851年的大火，现宣礼塔只剩下半截。

市中心靠近老港区的地方有一座经过修缮的城堡，外有保存完好的围墙，围墙之内的区域便被称为卡莱伊奇(意为"城堡之内")。这里已成为一片商业区，有步行街和休闲中心，人们既可泛舟海上，也可漫步街头。入夜则华灯齐明，照得古城墙一片通明，让周围既有古代气息，又有现代氛围，从而对游客产生巨大的吸引力。

附近两个奥斯曼时期的清真寺也非常有名，一个是16世纪的穆拉特帕夏清真寺，它以其独特的瓷砖装饰而著称。另一个是18世纪的特凯里·麦赫迈特帕夏清真寺。此外，该市的考古博物馆是土耳其最好的博物馆之一，很值得一看，它陈列着周围地区

从旧石器时代到奥斯曼时期的文物,特别是公元前8500前5400年间的双色陶器十分珍贵。此外,还有青铜器时代的珠宝、古希腊诸神及人物的雕像、古代的镶嵌画珍品等等。

在安塔利亚周边地区分布着许多名胜古迹,现择其要者介绍如下:

泰尔迈索斯

泰尔迈索斯在安塔利亚西北37公里处,坐落在两座山峰之间平均海拔1050米的高原上。这是亚历山大大帝唯一没能征服的城市。居民自称是来自该地区古国潘菲利亚的索利密民族。该城在希腊和罗马时期极为兴盛。罗马时期,泰尔迈索斯人被赋予自己制订法律的权利。公元5世纪人们开始从该城迁居别处,城市归于衰败。

泰尔迈索斯主要遗迹有:城南7个古代神庙,其中最为壮观的宙斯索利迈乌斯神庙,它有4米高;阿耳忒弥斯神庙的大门上刻有文字,叙述一个叫奥瑞拉·阿玛斯塔的妇女出钱修建神庙的故事。除此之外,还有容纳4200的古希腊剧场和体育馆,以及保护完好的博来泰利翁(Bouleterion)石质建筑。

佩尔盖

佩尔盖距安塔利亚东北18公里,此处的潘菲利亚古城,早在公元前2000年就有阿契昂人居住。公元前7世纪,来自爱琴海岛屿和小亚细亚西部地区的希腊人占领该城。公元前6世纪改由吕底亚人统治,后又遭波斯人入侵。公元前333年,亚历山大大帝占领该城。此后,城市又相继被塞莱乌斯、贝尔加玛、罗

【走近土耳其】

土耳其烹饪最早源于中亚,在土耳其人抵达阿纳托利亚后,在和地中海及阿拉伯文化长期相互影响、相互融汇的过程中,综合了各家之长,形成当今的土耳其菜系。

马王国以及奥斯曼帝国统治过。

佩尔盖有容纳约1.5万人的古代剧场，古剧场舞台有着精美的石雕，上面雕塑着有关葡萄酒神迪欧伊索斯以及半人半兽的森林之神萨提尔的故事。另外，还有可容纳1.2万人的竞技场，在竞技场东侧观众席下面有30间房间，每隔三间房就有一个竞技场入口处，其他房间则用作商店。许多房间的墙上还保留着店主的姓名和经营的商品种类。此外，两座高塔之间的漂亮城门以及带廊柱的长街都值得一看。

阿斯潘多斯

阿斯潘多斯在安塔利亚以东45公里处。公元前5世纪，只有阿斯潘多斯和西代两座城市准予铸造银币。古城分成高地和低地两部分，高地上建有集市和纪念喷泉等；低地上有剧场、浴室、竞技场和水渠。阿斯潘多斯大剧场于公元2世纪下半叶建成，可容纳1.5万人。它是世间现存的最好的古罗马剧场之一。如今每年的"金

椭橘电影节"期间的演出活动和音乐会都在这里举行。如果你有幸赶上一次这样的活动,坐在1700多年前修建的剧场,欣赏今人演出的芭蕾舞或者摇滚乐,肯定会有一种特殊的感受,这样的经历也许会让你终生难忘。

阿斯潘多斯大剧场的设计师名叫宰农(Zenon),剧场建成年代比安塔利亚城还要久远。关于剧场的建成有两种传说。一种说法是:当时阿斯潘多斯国王的女儿贝尔基斯,有倾国倾城之貌,引得附近许多国家都派人来求婚,国王便向众多求婚者许诺,谁能完成一件最漂亮又对阿斯潘多斯人民最有用的作品,就把女儿许配给他。于是求婚者纷纷展露自己的才能,有写诗的、有画画的,也有作曲的,便都未能选中。后来国王看中了一个建筑师建造的宏伟的引水渠,但又听说还有一个大剧场也建得非常气派,便决定先去看看再做最后决定。国王来剧场后径直到了国王包厢。当大家正在边看边议论的时候,国王突然听到有人似乎就在耳边说话:"国王的女儿一定是我的,国王的女儿一定是我的……"他开始寻找说话的人,结果在很远的舞台方向发现一个青年正在那里自言自语,由于剧场的回音效果设计得非常好,尽管青年建筑师站在离国王很远的地方说话,但听来却好像就在身边一样。国王感到十分惊奇,经过一番思索,遂当场决定将女儿嫁给这位年轻的建筑师,理由是这座剧场不仅建得气势不凡,而且对民众来说又十分实用。后来剧场也就被称为贝尔基斯剧场。

另一种传说是:古时候,蛇王爱上了蜂后,而蜂后生活在散发着清香的松树林中,她拒绝了蛇王的求婚。蛇王不甘心,便从城里修了一座长桥直达蜂后所住的托罗斯山,把蜂后迎到城里逼迫

【走近土耳其】

土耳其菜基本上分为以下几类:主食类、烤肉类、蔬菜类、海鲜类、甜食和饮料类,而尤以烤肉、面食和甜食更为有名。土耳其菜每类只包括一两种主要原料。因土耳其人在口味上崇尚纯正、单一,而不喜欢加许多调味品和其他原料破坏口味。

成婚,蜂后对此十分伤心和悲愤。后来蜂后怀了女儿,但女儿一出生她自己便由于长期抑郁而死去。蛇王十分疼爱这个没娘的女儿,决定为爱女贝尔基斯修建一座富丽堂皇的宫殿,还要在山顶树立女儿的雕像。结果修成的宫殿就是阿斯潘多斯剧场,而蛇王迎娶蜂后的长桥便是现在仍然存在的水渠。旁边的村落也就得名为贝尔基斯宫。

在塞尔柱时代,剧场的舞台建筑被用作商队的客栈。由于在不同时期都得到不断的维修,因此,它成为从古至今保存最好的古剧场建筑。

马纳夫加特瀑布

马纳夫加特瀑布位于西代以北8公里处,西距安塔利亚则有80多公里。

瀑布落差虽不很大,但水面却很宽阔,到得跟前,但见飞瀑直下,银花四溅,其情其景,却也相当好看。它水流湍急,水量很大,

为土耳其第一大瀑布。由于其位置正位于安塔利亚和阿拉尼亚这一黄金旅游线路的中间,因此吸引大量游客前去观看。特别是夏季前往参观会感到格外惬意。外面骄阳似火,而一到此处便是一片清凉世界,真是莫大的享受。附近有几家茶园和餐馆,那是游客观光游览后休憩歇脚的好地方。

瀑布水质很好,清凉甘甜,离出海口又近,不到10公里,因此土耳其有识之士提出可向中东缺水国家出售,赚取一笔可观的外汇,据传以色列等国有意购买,但不知是因价格还是运输方面的原因,至今未见下文。

其实,安塔利亚地区还有不少瀑布,不过规模稍小,其中离安市较近且较有名的是上下迪顿瀑布和库尔雄露瀑布。

上迪顿瀑布在安塔利亚东北14公里处,它位于巨大的地下河之上,其景色也很好看,尤其特别的是你可以从飞泻而下的水帘后面穿过去,这会让你兴奋不已。而下迪顿瀑布则在安塔利亚以东10公里处的拉腊流向海洋,因此,乘船从海上观瀑,景色会更为壮观。

库尔雄露瀑布在安塔利亚以东23多公里处。由于靠近主要景点佩尔盖和阿斯潘多斯,这里的游人显得更多一些,设施也更完备。瀑布周围有观光马路,有供野餐用的餐桌,也有儿童游乐园,甚至还可骑骆驼游玩,当然售卖纪念品的商店更是必不可少。

西代

从安塔利亚沿海往东走80公里即可到达西代。"西代"在当地方言中意为"石榴"。这里原来还是一个

【走近土耳其】

正如其他许多国家一样,奥斯曼帝国宫廷在土耳其的烹饪史上起到举足轻重的作用。17世纪时,奥斯曼皇宫的厨房中有1300名厨工,数百名厨师,他们分别负责制作汤、米饭、烤肉、蔬菜、面包、甜品、糖浆、果酱和饮料等等。由于苏丹们都很讲究吃喝,并经常大宴宾客,厨师们分工明确,各司其职,制作饭菜自然精益求精。这对丰富、完善和发展土耳其烹饪起到很大作用。

沉睡的渔村,但近20年,随着旅游业的发展,它已变为安塔利亚地区最重要的旅游点之一。这儿有该地区最为宏伟壮观的古剧场、临海广场、阿波罗神庙、罗马浴室等古迹,还有收藏丰富的博物馆,被称为露天博物馆。加之这里有美丽的海滩、大量的旅游设施以及鳞次栉比的商店和餐馆,吸引着大量的游客前来观光。当地原来的渔民现在摇身一变,几乎全都成了餐馆和商店的老板。

西代的历史相当悠久,它建于公元前7世纪。公元前3世纪后,它一直被埃及的托勒密王朝统治,公元前188年获得独立。公元前78年,西代归属于迦拉太人。公元前25年重获独立,在此后的几个世纪中,该城成为海盗袭击的目标,海盗们把囚徒作为奴隶在市面上出售,并将他们集中起来送往邻近更大的奴隶交易市场。在阿拉伯人的攻击和几次地震灾害中,居民大量死亡,西代从公元7世纪起逐渐衰落,直到12世纪中叶最终消亡,古城东南部大部分地区为沙滩所覆盖。直到最近一二十年,古城才又恢复了生机,得到了蓬勃发展。

阿拉尼亚

阿拉尼亚位于安塔利亚以东100多公里处,它以清澈的海水、清新的空气、夏季炎热的阳光著称,而最为人称道的则是其绵延数公里的细沙海滩,这使得它成为安塔利亚地区首屈一指的旅游度假胜地。

阿拉尼亚市中心被一座高约250米的山岬分为两部分,岬角是红黄色,突入地中海,在岬顶建有橘红色城堡,它修建于1225—1231年塞尔柱时期,至今保存完好。城堡高50米,呈八角形,每边长12.5米,矗立海边,十分壮观,系阿

【走近土耳其】

美味佳肴不仅对皇宫贵族必不可少,而且对奥斯曼的精锐部队、苏丹的近卫军也至关重要。近卫军中的指挥官都是以厨房的职能来命名,主要分为"汤人"、"厨师长"、"面包师""甜点师"和"洗碗工"即下手等。尽管他们有这些头衔,但并不做与其名称相应的工作。

拉尼亚的标志性建筑。城堡外围有城墙,长约7公里,现在仍有相当部分保存完好。

阿拉尼亚属典型的地中海型气候,夏季炎热,冬季温暖。因此一年四季游客不断,而尤以5—10月黄金季节为盛。每年的欧美等国游客都多达数百万。

阿拉尼亚城最早的名称叫作科拉凯西翁,为公元前2世纪时海盗首领迪阿多托斯·特里丰所建。由于阿拉尼亚港湾风平浪静,适于藏匿,海盗们便在此处建立城堡,把从商船上抢来的金银珠宝和货物藏于城堡中。公元前65年,罗马将军庞培在扫除海盗的行动中经过激战夺取了城堡。后来安东尼把此地献给克利奥帕特拉,她利用这里出产的好木材,重建了海军舰队。

此后这里被纳入罗马帝国及后来的拜占庭帝国的版图。

公元10世纪,亚美尼亚人利用拜占庭防御的薄弱攻占了该地。

塞尔柱帝国兴起后,于1220年占领该城,并将此处建成帝国最大的造船厂。当时塞尔柱人在争夺城堡时久攻不克,后来还是求助于“火羊阵”才取得了胜利,他们把燃烧的火把绑在上百头山

羊的角上打头阵,带领军队爬上悬岩,终于攻克了城堡。亚美尼亚人的首领把女儿献给塞尔柱苏丹,通过联姻保全了性命。苏丹将城市命名为阿拉耶(意为安拉之城),这就是阿拉尼亚名称的由来。苏丹每年来此避寒,1472年该城被纳入奥斯曼帝国的版图。

在城堡以西的海边，有一座布满钟乳石和石笋的达姆拉塔什(意为"滴水石")溶洞，不光是景色别致，而且还是某些疾病的天然诊疗所。洞内空气湿度达90%~100%，恒温为22℃，且富含二氧化碳、自然的电离子和射线，对哮喘等呼吸系统疾病有疗效，成功率达80%。土耳其各地的病人都慕名而来，接受治疗。

总之，安塔利亚地区的旅游景点数不胜数，除了以上所述，还有许多有趣的地方，如安塔利亚沿海岸边往南的奥林帕斯，那里的奇拉利村后的小山上，一处处地下冒出的火苗在不断燃烧，是名副其实的"火焰山"，情景十分奇特，夜晚看去更是壮观。这被认为是希腊吐火兽神话的起源。吐火的怪物被描绘成狮头羊身、鹰翅蛇尾、口吐烈焰的样子，这在安卡拉阿纳托利亚文明博物馆中可以看到。再如在更南边的凯科瓦，你可以看到沉入海中的一座古代小城，其设施一应俱全，还有立于海面之上的古代石棺，都会让你感到造化弄人，不可思议。如此等等，不一而足，篇幅所限，难以尽述，最好还是你亲自去观赏一番，才有更深的体会，不过要多准备几天时间才好，一两天是肯定不行的，那样连走马观花都做不到。

第六节　一片献给"埃及艳后"的土地

　　大家想必都看过《埃及艳后》这部电影,对里面马克·安东尼与克娄巴特拉的爱情故事一定耳熟能详。而从阿拉尼亚往东直到叙利亚边境的海滨,古时称为西利西亚地区,当时就曾被安东尼作为结婚礼物送给克莱奥帕特拉。

　　据史料记载,安东尼和克娄巴特拉确实到过塔尔苏斯并在那里开始了他们的爱情之旅。当时安东尼在腓力比取得胜利后,为了惩罚帮助敌方的克娄巴特拉王后,把她召唤到塔尔苏斯(当时这是一座富强的城市)见面。待到克娄巴特拉应召前来,安东尼见后却情不自禁,深深地被她吸引而坠入爱河,他不但没有责备克娄巴特拉,反而把西利西亚地区的大片土地送给了她。如今这一带已成了土耳其旅游黄金地段的一部分,这里一些有趣的旅游景点召唤着越来越多的游客前来观光。

　　让我们还是接着前面的行程从阿拉尼亚再往东走,首先值得一提的

地方便是谢利夫开,它本身也是一座古城,历史可追溯到公元前3世纪,系由当时亚历山大大帝手下大将塞莱乌科斯所建。城里有一座建于公元1世纪罗马时代的石桥以及建于公元二 三世纪的古剧场遗址,城北30公里处的奥尔巴古城,还有建于公元前295年的宙斯神庙、幸运之神堤喀神庙、古剧场以及古代水槽、喷泉的遗址。

"天堂"和"地狱"

谢利夫开以东约20公里,有个名为纳尔勒库尤的港湾,意为"石榴汁"。在其北3公里的地方,你可以看到两块牌子指向不同的方向,一块上面写着"通向天堂",另 块则写着"通向地狱"。似乎向人们昭示着:走向天堂还是地狱,往往只是一念之差。其实,这里的"天堂"和"地狱"只是两个巨大的天然溶洞,但由于起了这么两个名字,常常会吊起人们的胃口,必欲前往一看究竟,于是这里就成了谢利夫开最有名的景点。

被称为"天堂"的溶洞比"地狱"更大,周围树木郁郁葱葱,也显得更为明亮。它长达275米,宽125米。沿着它452级石阶走下去,可以看到一座拜占庭式小礼拜堂,它是5世纪时由原来的神庙改建而成,是献给圣母马利亚的。礼拜堂挡住了一条通向一个洞穴的路,而该洞穴中有一条地下河,有人认为这条河就是冥河。

而"地狱"由于深不见底,看上去漆黑一片,给人一种阴森恐怖的感觉,故而被称之为"地狱"。传说在古代,凡犯了重罪的人便会被抛入此洞,也就是不仅被处死刑,而且还被打入了十八层地狱。洞的四壁向内凹陷,因此不借助工具,是很难进入洞中的。

> **【走近土耳其】**
>
> 据说,厨房在当时社会不仅是个制作饭菜的地方,而且也是一个政治中心,当苏丹的近卫军对首相和内阁不满要求苏丹罢免他们时,就将大锅掀翻。"掀翻大锅"这一说法在土耳其语中至今仍是"军队中发生叛乱"的意思。

姑娘堡

谢利夫开另一个著名景点便是被称为"姑娘堡"的古堡,它在"石榴井"以东5公里处的一座离海岸200米的小岛上。由于古堡占据了整个小岛,四周的围墙一直深入水下,古堡在漫漫海水之中兀立不动,就像是从海底长出来的,显得很是壮观。这座奇特的古堡其实是中世纪(12世纪前)海盗们的作品,当时他们是将之作为避难所而建造的,由于四面环水,易守难攻,对于海盗而言它确是理想的藏身之所。至于为什么把它叫作"姑娘堡",就不得而知了,是因为它是海盗们金屋藏娇的地方,还是因为海盗们太喜爱这座古堡,故以"姑娘"名之? 这就要考考你的想象力了。

姑娘堡对面的岸上还矗立着另一座古堡,它叫科里科斯堡,与姑娘堡形成"双子座"。这座古堡是13世纪纯粹为防御目的而修建的。现在它却与姑娘堡一起承担着吸引各地游客的任务。事实上正是由于旅游业的发展,这里已经成了一个兴旺的小镇,到处可见餐馆、客栈和度假的别墅。

第七节　名称来自"铁锚"的土耳其首都安卡拉

结束了南部地中海沿岸的行程之后，我们将把目光转向土耳其的中部地区，在这一地区，我们首先要关注的当然是土耳其共和国的首都安卡拉。这是一座颇具传奇色彩的城市，80多年前，安卡拉还是一个仅有2万人的内陆小镇，但成为土耳其的新首都之后，在短短80多年中，它已经成为土耳其第二大城市，市区面积约340平方公里，市区人口约370万。它位于阿纳托利亚高原中北部地区，海拔978米，属大陆型气候，冬季多雪，夏季气温适宜。全年降雨量约400毫米，雨季主要为冬季和早春。

安卡拉的历史可追溯至青铜器时代中期。公元前13世纪，赫蒂人在安卡拉建立城堡。关于赫蒂族源，有来自黑海西部说，亦有来自阿纳托利亚东北方说法，其语言属印欧语系，文字属楔形文字。赫蒂帝国以安卡拉为重要战略后方，四处征战，先后征服阿勒颇(今叙利亚)、洗劫巴比伦(今伊拉克)，但在与亚述帝国的战争中败北，国势日衰，属国相继叛离，导致小亚细亚古国弗里吉亚侵入阿纳托利亚中北部，赫蒂帝国遂告灭亡。弗里吉亚人起源于马其顿和色雷斯，公元前9世纪渗入小亚细亚，并建立王国。他们有较高水准的建筑技术、木工、金工、牙雕和纺织技术，文字采用拼音字母。弗吉尼亚帝国于公元前7世纪被辛梅里安人所灭。辛梅里安人不适应定居生活，攻陷安卡拉后随即放弃，转而游牧于阿纳托利亚西部地区。小亚细亚另一古国吕底亚乘机占领安卡拉。吕底亚人传为最早铸造货币的民族，语言属印欧语系，贸易上与希腊人往来较多。吕底亚人与亚述人结盟最终灭掉了辛梅里安人。公元前547年，吕底亚王国被波斯大帝居鲁士所灭，安卡拉被波斯军队占领。公元前333年，亚历山大大帝击败波斯人，攻占安卡拉。后不久，加拉太人(克尔特人一支)打败马其顿军队，定都安卡拉，并将其称为"安基拉"，意为"铁锚"，表示域防固若金汤。这就是安卡拉名称的来由。公元前133年，罗马帝国军队大举东进，占领整个阿纳托利亚，安卡拉成为罗马帝国亚细亚省的省会。公元4世纪，拜占庭帝国占领安卡拉，使安卡拉成为阿纳托利亚地区的基督教传播中心。1345年，奥斯曼苏丹奥尔汗-加齐率军夺取安卡

拉,将其并入奥斯曼帝国版图。

凯末尔领导独立战争时期,安卡拉成为革命斗争中心。1923年10月13日安卡拉被定为土耳其共和国首都。

安卡拉是土耳其的政治、文化、科研中心,也是土重要的工商业城市和陆空交通枢纽。

安卡拉概貌

安卡拉分为新老城区,老城以乌鲁斯区的古城堡为中心,存留了众多的古旧建筑,带有奥斯曼时代的遗风,街道阴暗狭窄,凹凸不平,是穷人和低收入公务员聚居地。新城区则在东、西、南三个方向全面扩展,以南城区最为现代化,大国民议会和政府主要部门集中于该区。

安卡拉名胜古迹主要有罗马帝国时建的奥古斯都神庙(现已基本成为废墟)、建于7世纪的古城堡、朱利安神柱和罗马浴池遗址以及阿拉丁清真寺等等。我以为最值得一看的还是阿纳托利亚文明博物馆,因为它会有助于你了解土耳其这片土地的历史有多悠久,它曾孕育了多少光辉的古代文明。博物馆坐落在老城小山上的古代集市内,展品达数千件,涵盖了从旧石器时期直到罗马时期的各个文明阶段,包括赫梯人、弗里吉亚人、乌拉尔图人、罗马人等遗留下来的石雕、青铜器、陶器、木雕、金币、首饰、壁画等各种文物,历史最久的达7000多年。

此外,到安卡拉后必须一看的便是阿塔图尔克陵墓。

阿塔图尔克陵墓

这是土耳其共和国缔造者穆斯塔

【走近土耳其】

由于奥斯曼帝国各省间商道的开通,并在沿途开设了许多商队客栈和增设安全部队,从而使得"香料之路"完全处于苏丹的控制之下。最好的调味品只有在宫廷制订的严格规定下才能进行买卖,这就保证了调味品的质量,它对制作精美的土耳其饭菜至关重要。

法·基马尔·阿塔图尔克(亦译凯末尔)的安息之处。

1938年,基马尔病逝后,它的灵柩存放于安卡拉人文博物馆内。此后,土大国民议会通过了兴建阿塔图尔克陵墓的决议,陵址选在拉萨泰佩(Rasatepe)山冈。由于位置较高,好远便可看到它的雄姿。

陵墓于1944年9月动工,1953年8月竣工,耗资2000万金里拉。陵墓占地70万平方米,其中包括和平公园。陵墓由黄色和青灰色大理石和花岗岩砌成,气势雄伟,成为首都最重要的标志性建筑之一。

每逢重大节日,土耳其国家领导人均须谒陵,来访外国元首、政府首脑在安卡拉的第一项正式活动也是前往陵墓敬献花圈。陵墓两侧是独立堡塔和自由堡塔。两塔与其他八座堡塔象征土耳其人民和国家的崇高追求。

独立堡塔正面青年手持利剑的浮雕,代表土耳其军队和民族

的力量。塔上镌刻着基马尔名言："没有独立，国家就不能生存"，"不独立，母宁死"。

自由堡塔正面自刻有美丽的女天使骑马的浮雕，她手擎"自由宣言"。塔上刻有基马尔语录："土耳其迄今为止的全部历史证明土耳其一直是追求独立与自由的国家。"立宪堡塔是靠近阿塔图尔克博物馆的一座堡塔。浮雕展现几只手一齐握住剑柄，象征万众一心，努力保卫和建设新国家。在博物馆里有凯末尔生前穿过的服装、办公用品、外国元首赠送的礼品和大量图片。

出了博物馆就是改革堡塔。塔上有两支火焰浮雕，火苗即将熄灭的火炬表示奥斯曼帝国寿终正寝，而另一支烈焰熊熊、光芒四射的火炬代表基马尔和人民通过改革正使土耳其步入现代文明。

基马尔灵殿是一个巨大的矩形建筑，四周由四方形的大理石柱支撑。瞻仰大厅的顶部和四壁全部由大理石砌成，顶部镀金雕刻着15和16世纪土耳其地毯的花纹。大理石棺安置于大厅的尽头。石棺由整块大理石凿成。

基马尔最后安息的位置在棺冢地下7米处，躺在全国各地运来的土壤之上。

在艺术珍品馆中收藏了描述基马尔生平的油画、邮票、硬币和阿塔图尔克的个人藏书。

第二章　行走在欧亚十字路口

土耳其位于欧亚交界之处，三面环海，地理位置优越，西可触及巴尔干半岛，东可辐射中东及中亚，北可通过黑海连接乌克兰及前东欧，南可经地中海与北非相连。在政治和经济关系上与欧洲联系紧密，在 1996 年成为欧洲关税同盟成员国后，与欧盟的贸易总额已占其进出口总额的 50% 以上，同时也为他国产品通过土耳其进入欧洲创造了有利条件；由于它与中亚五国历史上的特殊关系，在政治经济关系上它已成为该地区国家的带头人。

财富小百科

随着理财市场的健康发展，金融机构的金融服务水平不断提高，理财产品全面开发，越来越多高素质、复合型金融人才进入金融服务领域，都给投资者投资理财带来了更多的便捷、方便和选择，但是树立正确的理财观念才是避免遭受骗局的重要法宝。

很多不懂理财的人看到很多人通过理财可以一夜致富，所以都以为理财可以带来高收益是必需的，以致在骗子说他的投资项目可以达到200％的收益的时候，深信不疑，端正理财收益观念是避免被骗的根本。没有哪一项投资项目可以保证200％的收益回报，并且市场即使能够保证20％的收益就算是高收益的投资了，太高的收益保证只是给你画了一个巨大的饼，千万不要上当受骗。

第一节　奥斯曼风情浓郁的埃及市场

在伊斯坦布尔,你要想体验一下古代奥斯曼风情的话,可以去前述两座奥斯曼王宫,但那是以前的皇家居所和当时的最高权力机关。如果要看看古代平常百姓常去的地方,那不妨去卡帕勒商场和埃及市场一游。前者已有过介绍,主要以出售金银首饰、传统手工艺品和旅游商品为主,而现在要介绍的埃及市场则以出售传统农产品、食品、调料等闻名于世。

在伊斯坦布尔,海峡与金角湾相汇之地,称为埃明诺钮,横渡海峡的轮渡码头就在此处,平日人头攒动,热闹非凡。埃及市场就在埃明诺钮广场边上,耶尼清真寺(Yeni Cami意为"新清真寺")侧后方。这是一座古堡式建筑,用石块垒成,上饰三座穹顶,显得古色古香。这座市场历史也很悠久,它建于1660年,距今已有300多年历史。建筑师为米马尔·卡泽姆,他是根据苏丹母后哈提杰·图尔汗的懿旨修建的。建筑呈L形,有6个出口,市场内有80多家店铺。据说这里最早的店主都是一些来自热那亚和威尼斯的商人,后来市场逐渐兴盛,商人们扩大了经营范

> **【走近土耳其】**
>
> 行会在烹饪技术的维系和发展中也起了重要作用。当时成立的行会包括猎人、渔夫、厨帅、烤肉师、面包师、屠夫、酸奶师、甜点师、泡菜师、腊肠师等。他们严格遵守行会准则,展示他们的产品,进行平等交易。特别是在节日里,无论是宫廷,还是平民,都敞开大门向他人供应食物,这就是传统的精美食品能广泛流传到全国每个角落的重要原因。

围,从埃及和印度等地进口了不少调料在此出售,于是市场名气大振,遂得名埃及市场。这一名称一直沿用至今。共和国成立后,伊斯坦布尔市政府于1940—1943年间对此进行了修缮。

走进市场,可以见到这里出售的商品主要以农产品和食品为主,你会发现店铺内和门前堆满了各式各样的香料、调料、药草、茶叶、干果、甜食、原生态蜂蜜、花草种子、植物块茎等等,不一而足。经灯光一照,各种色彩的商品煞是好看,加上它们散发出的各种香味,无论是视觉还是味觉效果都相当不错。尤其是在这座古意盎然的市场内,出售的商品大多是跟农业和园艺有关的农产品,几百年来并无多大变化,走在其间,你会感受到一股浓郁的奥斯曼风情。

第二节　以古希腊和古罗马精美雕塑著称的博物馆

　　伊斯坦布尔考古博物馆虽不如托普卡珀宫和圣索菲亚博物馆等其他古迹有名,但对于喜欢历史、爱好探幽访古的人来说,却值得一看。因为这里是世界上五大考古博物馆之一,它收藏了80多万件历史文物,占土耳其全国各地所藏文物的1/3。而且它平时对外展出的8万多件文物中大部分属古希腊和古罗马时期,因此,要想了解古希腊、古罗马和拜占庭时期阿纳托利亚的文明程度,除了参观圣索菲亚博物馆、地下水宫以及存在于市区的古城墙、古代引水渠等设施外,最好的去处应该就是这座博物馆了。

　　博物馆就在托普卡珀宫附近。进入馆内,你会看到大量雕刻精美的石雕人像、古棺和石碑。石雕人像数量很多,有穿衣的、有裸体的,个头有大有小,大的比真人还大。如果有心,你会发现这些雕像存在明显的两种不同类型,一种人像都雕刻得十分漂亮,男的都是五官端正,身材匀称,肌肉发达,不仅尽显阳刚之美,而且个个堪称美男子。女的则更是貌若天仙。而另一部分则高矮胖瘦不一,面目稀松平常,显然更符合人间常态。由于差别显著,一眼便能看出。我在参观时曾就此请教过博物馆的工作人员。他们说,这是两个不同时期的作品,前者属古希腊时期,那时主张雕像属艺术品,应该高于生活,因此,雕像都是标准的俊男靓女;而后者属古罗马时期,这时的要旨是真实,要像如其人,所以这时的雕像才有丑有俊,并非个个都是美女或者英俊小生。但作为艺术品而言,这些雕像都还是很美的,无论是人物的面部表情,还是其衣裙皱褶,都栩栩如生,十分生动传神。馆内收藏的出土石棺很多,有些石棺表面雕刻的图案和纹饰非常精美,其中最大最精美的一具曾被说成是属于亚历山大大帝的石棺,但后来的考证又否认了这种说法。

馆内收藏的石碑数量之大令人称奇,据说有几万块之多,这也使得该馆成为继伦敦博物馆之后世界上第二大古石碑收藏地。 除了这些石雕制品外,该博物馆还收藏了古希腊、古罗马、拜占庭和奥斯曼等各个时期的钱币以及奥斯曼帝国收藏的日用品、油灯、珠宝、半身雕像等文物,林林总总,不一而足。

分门别类的考古博物馆

其实,严格来说,这里只是整个考古博物馆的出土文物馆,它设立于1874年。同年,圣伊雷内教堂的文物被运至这里收藏。这个教堂位于托普卡珀宫第一道大门内左侧,它是伊斯坦布尔市内最古老的拜占庭教堂,建于公元360年,在圣索菲亚大教堂建成前一直是君士坦丁堡的主教堂。

在黎巴嫩的西顿和土耳其科尼亚的遗迹以及西达马拉墓被发掘后,那里的文物于1887年被送到伊斯坦布尔,这就需要一座展馆专门放置它们,现在的这座展馆就是为此而建的。它于1891年建造,1991年正式对外开放。

此外,按归属古代东方馆、陶瓷馆也属于考古博物馆。古代东方馆于1883年建成,那里藏有古代苏美尔人、巴比伦人、赫梯人的财宝和文物,展示从埃及、阿纳托利亚直到美索不达米亚的古代西亚文明。陶瓷馆按苏丹麦赫迈特二世的命令于1466年建造。它是托普卡珀宫地区最古老的建筑之一。

第三节　古老的加拉塔尖塔和贝伊奥卢地区

伊斯坦布尔被博斯普鲁斯海峡分为欧亚两部分,其欧洲部分是城市主体,而这一部分又被名为"黄金角"的死海湾分为南北两部分。前面所述的众多古迹绝大多数都在黄金角以南地区。

黄金角海湾上建有三座铁桥,其最外面即最靠海峡的那座叫作加拉塔桥,加拉塔尖塔就在黄金角北岸过桥不远的地方。其实在南岸老远就可看见它尖尖的塔顶矗立于周围房屋之上,颇有一种鹤立鸡群的感觉。尽管该塔并没有被列入主要旅游景点范围内,但其独特的圆堡式造型让人一看便知是处古迹,远来的旅游者看到它大多会产生希望对之一探究竟的想法。

【走近土耳其】

由于奥斯曼帝国曾统治着多个民族和地区,在烹饪上吸收了各家之长,这也大大丰富了土耳其饭菜的内容。因此我们现在正式宴会和日常饮食中常常会发现明显带有其他国家特点的菜肴也就不足为奇了。这从一些菜名上就可看出一二,如:阿尔那乌特·季埃里(阿尔巴尼亚煮肝)、塔塔尔·鲍雷伊(塔塔尔肉馅饼)、切尔开兹·塔符乌(一种北高加索鸡丝) 以及夏姆伊锡·塔特勒拉勒(大马士革甜食)等等。

据称公元前5世纪在该地区就有一个塔。而现在大家看到的这座塔则是1348—1349年热内亚人定居者为了构筑防御城墙保卫其殖民地而建造的,该殖民地当时已被赋予自由贸易权和半独立地位。该塔位于一块斜坡之上,塔高61米,塔的内直径9米,海拔高度140米,奥斯曼时期, 这座塔曾先后被用作监狱、仓库、火警瞭望塔。1964—1967

年作了重新修复，并加盖了阳台。

塔上的飞行试验

这座塔还见证了一次科学试验。17世纪有一个叫哈泽尔奋·阿赫梅特·切勒比的科学家用自己发明的人造大翼在塔顶上试飞，越过海峡在对岸于斯库塔尔的道安杰拉尔广场平安着陆。他要比莱特兄弟发明飞机早200年，是世界上首次横渡海峡的飞行。

现在塔顶被用于旅游目的。这里设有餐厅、夜总会和咖啡室，并有东方舞表演，外国旅游者纷纷慕名而来。此外，由于塔身较高，内部又建有143级台阶，站在塔顶，博斯普鲁斯海峡、黄金角以及马尔马拉海的美丽风光一览无余，因此，这里又是旅游者登高望远、浏览周围景色的绝妙去处。

外国人聚居的贝伊奥卢区

塔北面的一大片地区被称之为贝伊奥卢区或加拉塔区。在拜

占庭时期,该地区属热那亚人和威尼斯人管辖,但那时未留下多少古代文明的遗迹。现在加拉塔塔和阿拉伯清真寺就是该地区最古老的建筑。奥斯曼人占领此地后,允许该地区保持原来风貌,这里仍然作为欧洲人的居留地。后来其他少数民族,如希腊人、犹太人、亚美尼亚人、意大利人、俄国人也纷纷在此聚居,因此,在贝伊奥卢区有许多基督教堂和犹太教会堂,并形成了特有的地区文化,这些特色一直保存至今。奥斯曼帝国后期,特别是18世纪以来,贝伊奥卢地区变成了欧洲商人和外国使节的聚居点。看完加拉塔塔,你不妨去塔北面的街区转转,体会一下伊斯坦布尔的异国风情。

第四节 地处城市中心的塔克西姆广场

　　伊斯坦布尔是座山城,尽管其山城特点不像我国重庆那样明显,但地势起伏不平仍然显而易见。伊斯坦布尔有一别称叫"七冈之城",因为最早的伊斯坦布尔城就是建立在七座小山冈之上的。这种地势就给城市规划和建设带来一些问题。例如,到过伊斯坦布尔的人都会发现,这座城市中没有几条马路是笔直的,绝大多数的路都是弯弯曲曲,而且忽高忽低的,这是路依山势而修的结果。这样的地势也就决定了伊斯坦布尔没有地处平原的大城市那种传统意义上的市中心。当然这不等于说伊市就没市中心,城市中心就是塔克西姆广场。

　　说塔克西姆广场是市中心,是因为一般大型的露天集会都在这里举行。广场不算太大,其标志性建筑是广场中央作为土耳其独立战争和共和国象征的独立纪念碑,上面有着土耳其民众举着国旗奋勇前进的雕像。纪念碑建于1950年,不是太高,仅12米,但雕刻得十分精致。

　　塔克西姆广场周围都是商业区,街面相当繁华,其中最有代表性的就是名为伊斯蒂克拉尔大街 (意为"独立大街",大概因独立纪念碑而得名)的步行

【走近土耳其】

　　受到气候和传统的影响,土耳其各地的烹调术还是略有不同。阿纳托利亚东部由于冬季较长,以肉类和黄油、酸奶、奶酪、谷类为主,特别是凡湖地区以其带有香草的奶酪著称,卡尔斯地区的雪地腌鹅非常有名。而东南部地区则以烤肉和甜品享有盛誉。

街。街长两三公里，两边都是19世纪末和20世纪初修建的石质建筑，底层则全是商店，一家挨着一家，游客行人徜徉其间，或购物，或游逛，构成一派繁华景象。大街两旁的后街上则分布着许多风味餐厅、酒吧、咖啡馆、食品店，门面虽不大却很有特色，充满土耳其风情，因而吸引着四面八方的来客。大街上有一条有轨电车贯穿首尾，其他车辆禁止通行。有轨电车走起来叮叮当当，散发着怀旧气息，这同北京改造后的前门大街并无二致，但其步行街的历史却要早于前门大街好多年。

奥斯曼帝国后期，这个地区被专门辟为供外国建立使馆，共和国迁都安卡拉之后，这些使馆都改为总领事馆。因此，从塔克西姆广场进入大街，人们可看到瑞典、丹麦和俄罗斯总领事馆，以及圣玛利亚·德雷珀里斯教堂(St. MariaDraperis Church)和圣安东尼教堂(St. Antoine Church)。圣安东尼教堂建于1906~1912年，它是座哥特式建筑，也是伊斯坦布尔最重要的天主教教堂。再往前走

就可看到伊斯坦布尔最有名的老式旅馆佩拉帕拉斯饭店(Pera-Paras)，它建于1892年，已有100多年的历史，当时它是伊斯坦布尔最为豪华的旅店，基马尔曾经住过，《尼罗河惨案》的作者、英国著名侦探小说家阿加莎·克里斯蒂娜也曾在此住过。现在，他们住过的房间均已辟为展室。

在步行街的中间有一个"加拉塔沙拉伊广场"(Garatasaray Meydani)。伊斯坦布尔最负盛名、历史悠久的高中"加拉塔沙拉伊高中"就位于此，该校现已改为大学。此外1875年建造的邮电局以及大街东侧建于1834年的阿哈(Agha)清真寺也都是本地区有名的古建筑。

第五节　马尔马拉——海上的珍珠

在博斯普鲁斯和达达尼尔两个海峡之间，夹着一个状如螃蟹的小海马尔马拉海，这是土耳其的内海。海上分布着9个小岛，宛如仙女撒落的9颗珍珠，它们统称为王子岛，盖因在拜占庭时期这些岛屿曾是流放王子或贵族的地方。现在这里则成了伊斯坦布尔人节假日休闲度假的好地方。

这些小岛上面没有高大建筑，只有一些装饰华丽的木制楼房，大都被用作夏日别墅，出于环保和保持优雅气氛的考虑，岛上禁止任何机动车辆行驶，唯一的交通工具便是马车，好在岛都不大，步行一圈也就一两个小时。

要想去王子岛可在埃明诺钮的加拉塔桥旁码头乘轮渡前往，交通相当便利。但渡船只在其中四个岛停靠，它们的名字分别是：克纳勒(Kinal)、赫伊贝利(Heybeli)、布尔嘎兹(Burgaz)和布玉克阿达(Bfly(jkada)，全程约2小时。

9个岛中最大的就是布玉克阿达岛，该岛冬天人口只有7000人左右，夏天则多达10万人，基本上都是来此度假的。与别的几个小岛相比，该岛的面积最大，沙滩最好，野花最多，这里的居民是在拜占庭时期来此工作的人的后代。现在岛上除了一些民居、富人别墅外，就是商店和饭馆，环境十分安逸。岛上有一座6世纪兴建的修道院。后用来软禁被流放的妇女。

　　岛上最著名的是海鲜餐厅、清洁的沙滩、松树林以及环岛游的马车。乘马车做环岛游，短程45分钟，长程1小时30分钟，一车可乘8人，收费不算太贵。笔者曾经乘马车作过环岛游，但见近处苍松翠柏、绿草如茵、繁花似锦，远处则海水共长天一色，落霞与海鸟齐飞，自有一番别样情趣。如果你到了伊斯坦布尔，时间又较宽裕，建议你不妨也来个"到此一游"。

第六节 通向欧洲的门户、奥斯曼曾经的古都

如果你要从欧洲走陆路进入土耳其,或者反过来,经陆路从土耳其去欧洲,那就必须经过埃迪尔内,因为它是土耳其通向欧洲的门户。埃迪尔内人口20多万,位于伊斯坦布尔西北,两地距离约200公里。它位于毗邻希腊和保加利亚的边境地区,战略地位相当重要。

这是一座古城。公元125年,由于罗马皇帝哈德良的到来它成为一座驻军城市,并更名为哈德良波利斯(Hadriano Polls),后来它成了罗马人生产武器和盾牌的兵工厂所在地。公元3世纪末,它成为罗马帝国色雷斯4个省的首府之一。后来它在经历了汪达尔人、保加利亚人的侵占以及十字军的劫掠之后,于1362年被奥斯曼帝国占领,更名为埃迪尔内。它不仅成为奥斯曼帝国向欧洲扩展的桥头堡,而且还在1413—1458年期间成为奥斯曼帝国的首都。

19世纪至20世纪初,这里曾多次遭到外国的侵占,先后有俄国人、保加利亚人、希腊人等等。同时这里还成了

> **【走近土耳其】**
>
> 南方有些地区,由于气候炎热,为了防腐,食品里往往加入许多调料和辣椒,正如当地人所说,吃起来"从体内热到体外"。北部黑海地区的鱼类食品味道鲜美,"油炸哈姆西(一种小鱼)"和油炸鱿鱼圈都是闻名全国的菜品。

奥斯曼帝国前欧洲殖民地的大量难民的避难所，因此在此期间，埃迪尔内人口有了大幅度增加。

这里最吸引人的便是许多奥斯曼建筑。奥斯曼人占领该城后，据说修建了近300座清真寺，其中最有名的就是宏伟的塞利米耶清真寺。这座清真寺是为塞利姆二世苏丹建造的，1575年落成。同样是建筑大师希南的杰作，被认为达到了奥斯曼建筑的顶峰。清真寺有18个小拱顶，中间是一个大的拱顶，其直径达43.5米，四座高耸入云状如火箭的宣礼塔矗立在大拱顶四周，气势恢宏。

在清真寺内部，有8根排列成圆形的巨大石柱支撑着拱顶，形成礼拜殿硕大的空间，由于设计精巧，殿内光线明亮，绝无灰暗之感。建筑大量使用了埃迪尔内当地的红色砂岩，色彩协调，美观大方。内部祭坛及苏丹祈祷处则装饰有伊兹尼克瓷砖，讲坛则由精美的大理石雕刻而成。

清真寺后面的宗教学校现为土耳其与伊斯兰艺术博物馆，其

藏品包括奥斯曼帝国大臣曾经用过的、配有绸缎装饰的帐篷、古兰经副本、武器、玻璃制品、各种饰品以及本地特有且闻名全国的涂橄榄油摔跤比赛的图片。

在其不远处则是考古和人文博物馆,这里的藏品主要有色雷斯地区出土的陶器、大理石半身雕像、青铜饰针、珠宝、古希腊、古罗马和拜占庭的钱币以及在距此不远的昌莱布尔加兹发现的古希腊阿波罗雕像的古罗马复制品。其中某些藏品的图案已被用于服装服饰和地毯。

在出城不远的东北方向的农村,还有一座熠熠生辉的白色建筑群拜亚泽特清真寺,它建于1485年,由拜亚泽特二世苏丹下令建造,其中包括清真寺、医院、医科学校、药店、浴室、宗教学校、厨房、施粥铺等等。这里还与一件人类防疫史上的大事有关,18世纪初叶,玛丽·沃特利·蒙塔古女士正是在这里给她的孩子们接种了天花疫苗,后来又把这种方法传回了英国,从而为人类消灭天花做出了巨大贡献,而当时绝大多数欧洲人对此还一无所知。这里的医院处理疑难杂症的手段也与众不同,在白色石块砌成的古老的治疗室内,病人可以借助潺潺流水声、音乐和鲜花来恢复心灵的平静,以有利于肌体的康复。据土耳其历史上有名的旅游家埃夫利亚·切莱比说,当时,来这里游览是埃迪尔内纨绔子弟最热衷的消遣之一。

总之,埃迪尔内作为奥斯曼王朝曾经的古都,到处都散发着浓郁的奥斯曼气息,这就是它的吸引人之处。

第七节　苍凉悲壮的恰纳卡莱海峡

马尔马拉海北端有博斯普鲁斯海峡同黑海相通,南端则有达达尼尔海峡同爱琴海相连。两者之间的陆路距离不足200公里,但给人的感觉却不一样,博斯普鲁斯海峡向人们展示的是秀美而壮丽,而恰纳卡莱海峡呈现在人们面前的却是苍凉而悲壮,说不清这种感受从何而来,也许是因为前者身处一个大都市旁边,在喧闹的环境和一些精美建筑的映衬下,雄伟的海峡也会更多地展现出其秀丽的一面;而后者则在两岸萋萋荒草中和少许松柏以及一两座古堡的背景下,显得荒凉了许多。反正两个海峡给我的印象就是如此的不同。如果你有时间和兴趣,也不妨实地比较一下,看看是不是会有同样的感受?

恰纳卡莱海峡长约62公里,比博斯普鲁斯海峡要长,最宽处7.5公里,最窄处1.25公里,也比博斯普鲁斯海峡要宽阔一些。其航道中心水深45.5~91.4米,最深处为106米。两岸山高约400米,多为石灰岩沙石和黏土, 杂草丛生,较少民居和树林,树林以松柏居多。其水流流向同博斯普鲁斯海峡一样,上下各异, 表层海水向西南流向爱琴海,流速较大,而底层水流则流向相反,流速相对较小。

【走近土耳其】

土耳其的橄榄产量在世界上占第七位,橄榄油产量则占第三位,因而土耳其西部地中海地区,大部分的海味和蔬菜都用橄榄油烹调。

古战场和纪念碑

说恰纳卡莱海峡给人以苍凉而悲壮的感觉,还有一个原因就是这里曾经是第一次世界大战的古战场,当时一场壮烈的战役就发生在这片土地上。那时,由"青年土耳其党"人执政的土耳其,站在德国一边参战,协约国方面丘吉尔作为其海军的最高长官,派遣英法联合舰队攻土,企图穿越恰纳卡莱海峡进攻伊斯坦布尔,但由于海峡地势易守难攻,德土方面又在岸边配备了强大火力,防御工事也十分坚固,因此英法联合舰队不仅未能取胜,反而遭受损失。于是协约国方面改派澳新军团等陆军登陆,企图从陆路消灭守军,打通恰纳卡莱海峡。于是双方展开殊死战斗,场面十分惨烈。

这场战斗持续9个月,双方死伤人数达四五十万,约有8.6万名土耳其士兵和16万协约国士兵葬身于此,结果以协约国军队的失败告终。当时土军的指挥官就是后来的土耳其共和国开国元勋

基马尔将军。在一次近乎绝望的战斗中,他对士兵们说:"我不是命令你们去进攻,而是命令你们去死。"士兵们冒死进攻,结果胜利了。由于这是土耳其在整个第一次世界大战中唯一的大胜仗,使伊斯坦布尔免除了灾难,此战过后,基马尔名声大振,被誉为"常胜将军""伊斯坦布尔的救星"。

为纪念当年战争中的烈士,海峡尽头的岸边矗立起一座大型纪念碑,真正的战场也竖起了金属板做的标记。1985年4月25日,恰逢澳新军团纪念日,澳新军团纪念碑也在这一天揭幕,碑上刻着基马尔一段富有深意的话:

"对我们而言,约翰与麦赫迈特没有什么不同,他们并肩躺在我们国家的这片土地上,你们,把他们从遥远的国度送来的母亲们,请擦去你们的泪水,你们的儿子们在这片土地上失去生命后,仍活在我们心中,他们安息了,他们已经成为我们的儿子。"

多年以来,每到4月25日,那些幸存的澳新军团和土耳其的老兵以及阵亡者家属都会来此凭吊纪念一番,既为缅怀逝者,也为共叙友谊,毕竟这场战争已经过去近100年了。

第八节　以绿色和白色著称的布尔萨

在定都埃迪尔内和伊斯坦布尔之前，奥斯曼帝国早期的首都是布尔萨。这座城市位于伊斯坦布尔的南面，离马尔马拉海南岸不远的地方。

布尔萨的历史可以追溯到公元前，据说，该城系由来自巴尔干半岛东南角色雷斯地区的卑斯尼亚国王普尔希亚斯一世所建，布尔萨这一名称也来自其名字的希腊化表述。公元前74年，卑斯尼亚末代君主尼科米迪斯将其献给了罗马人。在罗马人及其后的早期拜占庭人统治下，城市渐趋繁荣。但到公元七八世纪，阿拉伯人的入侵使其元气大伤。1075年，塞尔柱突厥人占领该城，不过随后它又遭到过十字军、拜占庭和突厥人的轮番争夺。最终该城落入奥斯曼人之手，成了其真正意义上的首都，先后有6位苏丹在此执政。1327年，奥尔汉苏丹在此首次发行货币。1340年，这里建起了集旅馆、集市和仓库于一体的贸易中心。当然由于信仰伊斯兰教，奥斯曼早期居民，也在这里建了许多清真寺等宗教建筑。

说到布尔萨的古迹，首先要数这里的清真寺和苏丹陵墓。清真寺中最有名的则是乌卢清真寺（意为"大清真寺"）。它是由1389—1403年在位的拜亚泽特一世苏丹修建的。据说，这位苏丹在1396年在马其顿的尼哥波立战役发动前曾发誓说，如果他能取胜则将修建20座清真寺来报答真主，但最后他只修建了一座清真

78

寺,只不过这座清真寺有20个拱顶而已,这就是我们看到的乌卢清真寺。它被建造在地势较高的台地上,因而可以俯视大片城区。清真寺的墙壁用暖黄色的石灰石砌成,门窗上都雕有简单的图案,大门共有3扇,其中北面的那扇据说是由帖木儿1402年占领此处时新开的。从内部格局来看,上面的拱顶都由巨大的石柱支撑着,周围装饰有用书法字体写成的古兰经铭文,在中央的大拱顶之下,则是洗手用的喷泉,外面则耸立着高高的宣礼塔。整个清真寺显得庄严肃穆,但规模比起伊斯坦布尔的大型清真寺要小一些。因为它毕竟是奥斯曼王朝早期的建筑,当时的国力还不够强盛。

另外一座值得一看的清真寺便是耶西尔清真寺,意为"绿色清真寺",顾名思义,其最大的特点就是其绿色格调。尽管其墙壁用的是大理石,但其屋顶及宣礼塔顶端却都是由绿色瓷砖砌成,其窗户周围贴的也是蓝绿色瓷砖。其内部装饰更是不同凡响,它们都是由蓝绿、碧绿、白色和蓝色的瓷砖组成的圆环、星辰和其他图案,显得变化无穷而又十分和谐、统一。这座美丽的清真寺极具特色,它由麦赫迈特一世苏丹于1419年下令建造,而具体的修建者则是当时大不里士的杰出工匠,关于这一点,祭坛旁边的波斯文铭文可资证明。此外,马路对面麦赫迈特一世的陵墓风格同绿色清真寺完全一致,因而被称"绿色陵墓",其内部及石棺外面全部贴着蓝绿色的瓷砖,上面还有黄色的用艺术体的阿拉伯字母写成的字句,整座陵墓显得安谧而又有些神秘,令人肃然起敬。麦赫迈特一世在奥斯曼历史上也是一位响当当的人物,15世纪,奥斯曼王朝受到帖木儿的蒙古军队的沉重打击,正是他带领奥斯曼

【走近土耳其】

中部阿纳托利亚如科尼亚和开塞利等地则以"唐德尔烤肉"(Tandlr)著称(即把羊肉挂在窑式炉中烤制),开塞利还以其"曼特"(Mantl,与馒头同音)著称,它形似我国的小饺子,但煮熟后要放入酸奶一起吃。

人重振雄风,恢复了昔日的尊严。

此外,奥斯曼王朝最早的苏丹,也是王朝因之得名的统治者奥斯曼及其子奥尔汉苏丹的陵墓也在布尔萨,同时这里还有一生都在征战中度过、号称"世界的缔造者"的穆拉特一世的陵墓和穆拉迪耶建筑群等古迹,关于它们,这里就不一一介绍了,还是留待你们自己去看吧。

温泉和丝绸之城

布尔萨的出名不仅在于它的古迹,它的温泉也是十分有名。这些温泉集中在城市西部切基尔盖地区,它们从山岩中喷涌而出,温度可达50℃多,甚至70℃多,由于富含铁、硫、钠、钙、碳酸氢盐、镁等矿物质,对于风湿、皮肤病和妇科疾病都有很好的疗效,因而土耳其的老百姓,特别是有上述疾病的人很喜欢光顾这里。最有名的温泉浴场有两处,一处名为"老温泉",它是在原来罗马人和拜占庭人建的浴池旧址上改建而成的,另一处则被称为"新温泉",它是由奥斯曼的重臣吕许图帕夏("帕夏"意为将军之意)于1552年修建的。布尔萨市温泉极为丰富,除了公共温泉浴场外,许多旅馆里都建有自己的温泉浴池,这也是它们招徕顾客的重要手段。

布尔萨还是土耳其的丝织业中心,所产丝绸织品在土耳其首屈一指。你在土耳其买到的丝绸头巾或衣服,只要是其本国产品,那十有八九是产自布尔萨。丝绸本是我们中国的特产,它是如何传到这里的呢？这还要追溯到公元6世纪拜占庭的皇帝查士丁尼一世，是他让两个波斯僧侣完成了这项工作，当时僧侣们把蚕宝宝放在竹筒里，从中国偷偷带到了君士坦丁堡，布尔萨由于气候等条件适宜，便逐渐成了丝绸生产中心，就在乌卢清真寺旁边的丝绸市场一直保存至今，奥斯曼王朝建立后，为了制作丝绸服装和地毯的需要，不仅鼓励当地老百姓发展养蚕和缫丝业，而且还加强了从中国的蚕丝进口。可以说无论是制作奥斯曼的王公贵族所穿的丝绸服装，还是编织享誉世界的土耳其丝质地毯，都离不开布尔萨的蚕丝业。只是近年来这里的养蚕业出现了某种下降趋势。

布尔萨的代表色是绿色和白色

布尔萨足球队队徽和队服都是绿白相间，绿色和白色是这座城市的代表色。其实，历史上土耳其人对它的称呼是"绿色布尔萨"，这是对其周围茂密的森林、宜人的温泉、清新的空气以及美丽的自然风光的赞誉。不过近几十年工业化和城市化的快速发展，使"混凝土森林"不断扩大，而绿色森林却逐渐被蚕食，"绿色布尔萨"的地位已岌岌可危，土耳其许多有识之士对此忧心忡忡。

尽管绿色有所消退，但白色却风头正劲。白色是指位于布尔萨以南乌卢山(意为"大山")的白雪和净水。乌卢山海拔1900～2500米，山上覆盖着大片的森林。这是土耳其最好的滑雪胜地，每年12月至次年3月，这里都是白雪皑皑。大批滑雪爱好者奔赴此地，在滑雪场上风驰电掣，一展身手。这

【走近土耳其】

土耳其人喜爱肉食，他们最钟情的食品便是烤肉，尤其是烤羊肉。土耳其烤肉种类繁多，制作精良，味道鲜美，不仅土耳其人爱吃，而且日益赢得外国人的喜爱。现在土耳其烤肉作为土耳其饮食的代表已走出国门，来到其他国家安家落户。北京继巴西烤肉和韩国烧烤之后也掀起了土耳其烤肉的热潮，大街小巷出现了越来越多的烤肉店，不管是否正宗，都冠以土耳其烤肉的名号。

便是布尔萨白色的来由。当然乌卢山的水似乎也应该算作这白色的一部分。起伏的山峦和繁茂的森林，也许还有适宜的地质构成，这就为造就一方圣水准备了极好的条件。在伊斯坦布尔市场上，乌卢山牌的瓶装水那就意味着绝对是高质量的矿泉水，就譬如在我国人们宣传的西藏雪山上的冰水一般。

乌卢山现已辟为国家公园。冬天自不必说，就是其他季节，这里也还有无边的林海、满山的野花，走在山间的小路上，只听得溪水潺潺，泉水叮咚，沿路可以直达山顶的小湖，就凭这一派田园景色，它也绝对是一处度假郊游的好地方！

木马计的发生地——特洛伊古城遗址

木马计的故事可以说是尽人皆知，它已作为派人打入敌人内部的代名词，而深深扎根于人们的脑海，但木马计发生地特洛伊古城位于何处，恐怕就没有多少人说得清楚了，或者有人会如笔者幼时一样，以为这只是神话故事，特洛伊也在虚无

缥缈之中,并非真实地名。

而事实却并非如此,在古希腊神话中提到的这个故事看来并非虚构,而是实实在在发生过的史实,100多年来发掘出的历史文物似乎可以作为佐证,至少,特洛伊是确确实实存在过的一座古城,它就位于土耳其境内离达达尼尔海峡不远的地方。从恰纳卡莱海峡出口处的恰纳卡莱,南行20公里左右,便可到达特洛伊木马计的发生地——特洛伊古迹国家公园。还在离古迹很远的地方就可看到其入口处矗立的大木马,它提醒人们古希腊神话中的木马计就发生在此地。游客在参观古迹的同时,还可登上木马照相留影。现在的木马当然是后人建造的,但由于木马计的故事脍炙人口,它仍然引起人们摄影留念的兴趣。

在古城遗址里面有一个小展厅,详细介绍特洛伊的历史。特洛伊古城在古希腊和古罗马时期极为有名,古希腊时期两部著名史诗《伊利亚特》和《奥德赛》都曾提及。

1870年，德国人谢里曼开始了发掘工作，出土了大量文物和宝藏，从而证实了特洛伊古城的存在，至今发掘整理工作仍在进行，已持续了140多年。特洛伊古城的历史可追溯至公元前3000年，地下文物极其丰富，经考古发现古城遗址有8层，层层相叠，每层都分属不同时期，这给发掘工作带来一定难度，因此，目前发掘的部分仅为古城的二十分之一，今后发掘工作任重道远，还将持续许多年。

由于古罗马帝国的缔造者们认为其祖先来自特洛伊古城，因而对这座城市极为重视，恺撒、奥古斯都等古罗马帝王都曾造访该城，并下令建造了许多大型建筑。公元4世纪东罗马帝国的君士坦丁大帝曾下令建都于此。但后来该城由于失去了战略意义，而且城市附近的河流泛滥，形成大片湿地，疟疾等传染病流行，以及多次战争造成破坏等原因，该城便于东罗马帝国时期，约公元5世纪时归于湮灭。待至11世纪后，土耳其人攻占小亚细亚半岛时此处已成为一片废墟。

特洛伊古城人口在古罗马时期曾达3万～5万人，这是从其古露天剧场的座位上推算出来的。据最新的发掘考证，在青铜器时代，该域人口便已和后来的古罗马时期差不多，它当时是世界上最大的城市之一。

目前，人们从已发掘的遗址中可找到公元400年罗马帝国时期的雅典娜神庙和议事厅、市场和剧场等废墟。这些建筑虽已倒塌败落，但从残存的墙垣和石柱来看，气势十分雄伟。据说人们还曾发掘出特洛伊国王普略莫斯的宝库和海伦的项链。这些历史遗迹和文物证实了特洛伊城的存在，而且使人们得以窥见当年特洛伊繁华富庶的城市生活及战争带来灾难之一斑。

【走近土耳其】

土耳其烤肉的种类不少，但都叫"开巴卜"，最常见的是用铁扦穿起几块羊肉或牛肉，平放在炭火上烤的"串枝烤肉"，这同新疆的烤羊肉串做法一样。而更具土耳其特色的则是"伊斯肯德尔开巴卜"和"库尤开巴卜"，这两种烤肉的味道也最好。

遗址博物馆

在特洛伊遗址不远处有座博物馆，其规模不大，所陈列的文物也寥寥无几。据说这里曾发掘出大量珍贵文物，但大多数为西方文物盗窃者窃走，其中包括普略莫斯国王的宝库和海伦的项链。自19世纪中叶传出特洛伊废墟中可能掩埋着大量金银财宝后，大大刺激了文物盗窃者的贪欲。1873年，国际文物盗窃者谢里曼伙同其妻子苏菲亚专程前来发掘宝物。为此在行前还特意学了3个月的土耳其语。果然有一天他在泥层中发现了一块黄金，谢里曼借口那天是他妻子生日，停工休息，把协助他工作的工人全部打发走。这样国土的宝库和海伦的项链这些宝物，被谢里曼掠夺并运到国外。事后，奥斯曼帝国政府虽在国际上提出诉讼，但只得到5万法郎的赔偿。今天，人们要欣赏特洛伊最璀璨的文物，却要到柏林博物馆，因那里整整4个大厅陈列着特洛伊的宝物。

现在，每年6月11日至18日，这里都举行特洛伊艺术节，开展各种文娱活动，吸引了成千上万的游客。

第九节　阿索斯古城遗址和神秘静谧的贝赫拉姆卡莱

　　如果有人喜欢怀古的话，那位于恰纳卡莱海峡以南约100公里处古希腊的阿索斯古迹遗址以及在其山脚下的贝赫拉姆卡莱村就是一处绝佳的去处，它足可以勾起你思古之幽情。

　　从恰纳卡莱海峡边的查纳卡莱市出发，沿着通往伊兹密尔的公路走到阿伊伐久克(Ayvacik，意为"小木瓜之乡")县，沿着曲折的山路右行17公里，再走过一座建于14世纪的大石桥，就可到达阿索斯古城遗址的所在地。站在古城山顶上可将不远处的大海和身后的原野尽收眼底，古城据传系公元前7世纪由来自隔海相望的希腊米迪尔利岛上的古代居民所建。城墙长3公里，虽不算大，当时却是当地的重镇之一。现在古城大部分建筑均已毁坏，仅存雅典娜神庙两根残存的石柱，还傲然挺立于苍穹之下，向人们昭示着它久远的过去。

　　神庙约建于公元前530年，也就是相当于我国孔夫子生活的年代。这是当时古城中最重要的建筑，属多利安风格，神庙周围有高大的廊柱环绕，左右各13根，前后各6根，上面饰有精美的浮雕。现在这些雕饰部陈列在巴黎、波士顿和伊斯坦布尔的博物馆中。人们建造它是用来献给"万神之王"宙斯的女儿、掌管战争和手工艺的女神雅典娜。可惜神庙后来毁于拜占庭人之手,因为拜占庭人不愿看到以前的历史,以至现在我们只能看到一些残存的石柱和古城堡的平台,但当你站在那里眺望远处的爱琴海或是周围的山川大地时,心中难道不会生出些许感慨吗?

神庙建于古城最高处,以示对神灵的崇敬。而在古城南面山坡则是兼作集市的广场,此外古城中还有议事厅、健身场所驿站等设施。驿站在城南城北各有一座,北面的2层,南面的则有3层,二层有13家店铺,底层则有水池和13个浴室。

当然,这些都是经过考古发掘后才为人们所知,如果你走马观花式地浏览,也许就看不出什么名堂。最早的发掘工作是在1881—1883年期间由美国人克拉克和贝扎率领的考古队进行的。此后相隔百年之后,土耳其的于密特·赛尔达奥卢教授又再次带人在此进行了考古挖掘,并发现了古剧场等遗址。

隐秘而静谧的贝赫拉姆卡莱村

如果说阿索斯古城高高在上,视野开阔的话,那么隐藏在其陡峭的山岩下面、紧靠海边的贝赫拉姆卡莱村则完全是另一番景象,它是一处小小的、静谧的、与世隔绝的神秘世界。这里原本是个渔村,可现在旅游业已成为其主要收入来源。村中有二二百座房屋分布在悬崖底部与海面形成的狭长地带,它们大都是为旅游者服务的餐馆、客栈和小酒店,铺面

【走近土耳其】

　　"库尤开巴卜"是用羊羔腿肉放调料腌制后，挂在一个很大很深的炉中焖烤而成，肉肥瘦适中，酥软可口，吃来别有一番风味。其做法有点类似我国的焖炉烤鸭，它同样是土耳其的一道名菜。伊斯坦布尔在马尔马拉海边有家名为"盖立克"的餐馆就专门制作这种烤肉，生意十分红火，每日里顾客盈门，座无虚席。

不大，但却保持了数百年前的建筑风格，显得小巧玲珑，精致优雅，由于此地藏匿在峭壁之后，绝无世间的喧嚣，而这种过分的安静又给小村增添了某种神秘的色彩。游客来到这里，就仿佛回到了从前，而且身处这静静的环境，似乎世间的一切烦恼也随同喧闹一起被抛却在外面。在这里选一座小店，入内落座，一杯在手，面对大海，欣赏着近处的微波不兴的海浪和上下翻飞的海鸥，或是眺望远处隐约可见的希腊累斯博斯岛上起伏的山峦，那都会使你的心灵得到安宁和净化。正因为有这种不可抗拒的特殊魅力，这个小渔村吸引了越来越多的文化界人士，来自伊斯坦布尔的画家、学者、演员都是这里的常客，而且它也正在成为国内外游客的新宠，知名度越来越高。

　　这里还有一点值得骄傲的地方，就是它还是古希腊哲学家兼科学家亚里士多德当年生活过并步入婚姻殿堂的地方，他曾在此建立了一所哲学学校，并传授他在动物学、生物学和植物学方面早期探索到的知识，并娶了当地的统治者、同是柏拉图的学生的赫尔米耶的侄女为妻，在此地生活了3年多。想到这些，当你徜徉在阿索斯古城遗址残存的石柱间，你是否会有一番别样感觉呢？

第十节 古代的文化和医药中心贝尔加玛

土耳其西部爱琴海沿岸分布着许多古希腊建筑遗迹,其中最有名的除了下文将要介绍的埃菲斯外,就数贝尔加玛(Belgama)古城了。它位于伊斯坦布尔到伊兹密尔公路旁的岔路上。

贝尔加玛建于公元前4—前3世纪,它曾是该地区的文化、商业和医药中心,吕底亚人、波斯人都曾统治过这里。公元前334年为亚历山大大帝所占领,亚历山大大帝去世后,其将军利西马丘斯成为这里的统治者,这时的贝尔加玛名气大了起来。后来,菲利塔卢斯将军成了新的统治者,他死后把权力交给了其子优门尼斯,优门尼斯建立了贝尔加玛王国(前283—前133年),王国逐渐壮大,势力遍及整个爱琴海地区,并伸展到卡帕多西亚和地中海沿岸的安塔利亚地区。这时的贝尔加玛王国由爱奥尼亚人统治,他们受到希腊文明的强烈影响,创造了相当高的社会文明。他们兴建了宫殿、神庙等华丽的公共

建筑,这使得贝尔加玛城声名鹊起,几可与雅典、亚历山大等城市相媲美。

特别是贝尔加玛兴建了藏书顿丰的图书馆,其所藏图书竟达20万卷,这使得它成为当时学术和文艺中心之一。此外它还是羊皮纸的发明地,当时好嫉妒的埃及人断绝了草纸的供应,贝尔加玛人被逼无奈,遂发明了羊皮纸来替代。

贝尔加玛医药中心的地位得益于古代伟大的物理学和医药权威伽林(公元前129前99年),其家乡便是贝尔加玛。他在此潜心研究医药和哲学,最初他在为角斗士治病的诊所实习,后来又致力于贝尔加玛医药学校的建设,在医药学方面建树颇多,对世界医药学的发展产生很大影响。

公元前133年,当时的统治者阿特拉斯二世鉴于其反复无常的侄子阿特拉斯三世把城市治理得一塌糊涂,决定将其逐出继承人行列,并在去世时决定把整个王国赠给罗马帝国。罗马人很乐

意地接受了并把贝尔加玛变成了罗马帝国小亚细亚行省的首府。而贝尔加玛的繁荣也继续延续至公元3世纪。后来基督教传到这里,贝尔加玛逐渐成了犹太人的聚居区,其黄金朝代也就慢慢结束了。

由两部分组成的古城遗迹

贝尔加玛古城遗址由南北两部分组成,位于北面的是名为阿克罗波利斯的城堡,而在南面的则是名为伊斯利佩翁的医药中心,两者相距8公里。

我们从停车场进入古城堡的皇家大门,从左面前行,你可看到宙斯神庙和雅典娜神庙。宙斯神庙已经只剩下座基了,但从座基来看,也可看出当时神庙的规模相当大。神庙的祭坛部分在公元19世纪时已被移至柏林的贝尔加玛博物馆,在那里经过重修,尽显其当年的辉煌。祭坛高12米,上面雕刻着巨人和神灵战斗的场面。

雅典娜神庙则是域中最古老的神庙,建于公元前4世纪末期,属多利安式建筑,它是用来献给为这座城市带来胜利的人——雅典娜女神的,神庙同当时的其他大型建筑一样,充分显示出高超的建筑和石雕技艺。

神庙附近可以看到贝尔加玛图书馆,它就是前文所述20万卷图书的收藏地。后来安东尼在亚历山大将它作为结婚礼物送给了"埃及艳后"克娄巴特拉,可惜后来在基督教传播的早期,这座图书馆同许多亚历山大藏品一起被毁灭了。

最后我们将来到著名的露天剧场,它有80排座位,分为3层,可容纳2万人,据说这种规模的大剧场在希腊本

【走近土耳其】

来到土耳其,不尝尝他们的"开巴卜"是说不过去的,而主人也一定不会让你留下这种遗憾。伊斯坦布尔南城有家"贝蒂"餐馆,也以制作各式烤肉闻名于世,它就经常被土方安排为招待各国政要乃至国家元首品尝土耳其烤肉的地方。

土都难以找到。更令人惊奇的是其绝佳的音响效果,人站在舞台中央讲话,即使只用平常的音量,剧场最高处的观众仍可听得清清楚楚。

此外,古城中还有体育馆、罗马浴池、集市市场、特拉简神殿以及古城墙和城市最高处的蓄水池等古迹,这里就不一一作介绍了,还是留待各位自己去看吧。

再来说说南面的伊斯利佩翁遗迹,这里原是献给康复之神伊斯利佩翁的,它虽非一般意义上的医院,但却是最早出现的温泉疗养院。当时,因过度紧张而深感疲惫的人(通常是政治领袖、高级将领或者有钱的商人)为了身体的康复来到这里,他们往往先被带到带廊柱的圣路(同时也是繁忙的集市)以放松心情,然后他们可以得到心理治疗,可以去图书馆看看书,也可以去康复温泉洗澡,然后去可容纳3000人的剧场欣赏戏剧或者是同朋友们聊天,通过一天或几天的放松来缓解内心的压力。

伊斯利佩翁古迹包括古希腊多种建筑风格,在入口处不远的祭坛旁边,是一座图书馆的遗址,它是当年的学术研究中心,而剧场则被用作康复中心,泰来斯佛鲁斯神庙则是用于诊断的门诊部。此外喷泉、门廊、公共卫生间等等设施,都应有尽有。有着圆形外表的伊斯利佩斯神庙很容易辨认出来,因为它是仿照罗马万神庙建造的。

此外,在贝尔加玛你还可以游览红色庭院和贝尔加玛博物馆等景点,红色庭院是一座气势宏伟的长方形建筑,它建于公元前2世纪,后因长期风化,墙面上的大理石面脱落而露出里面的红砖而得此名。这里原是为埃及神灵塞拉皮斯建造的神庙,后来拜占庭人将其改为献给圣约翰和圣保罗的基督教教堂。

贝尔加玛博物馆展出的是从该古迹以及附近地区出土的文物,规模虽不大,但内容还算丰富,但可惜的是,贝尔加玛遗址最精美的文物已经不在这里,而是早就被运往柏林了。这固属美中不足,但贝尔加玛古城遗址,还是很值得参观的。

第十一节　爱琴海上的明珠伊兹密尔

如果硬要拿土耳其和中国的大城市进行比较的话，我想安卡拉同北京相似，两者都是首都；伊斯坦布尔对应的是上海，都是本国最大的城市、最大的港口以及经济中心；伊兹密尔则同广州更为相似，都是重要港口和地区经济中心，同具亚热带风光，双方都是各自国家最大博览会的举办地，广州有广交会，伊兹密尔也有一年一度的国际博览会。但伊兹密尔及周围地区的旅游资源，似乎更丰富些，其悠久的历史在这一地区遗留下众多古迹和文物，成为土耳其最受游客青睐的地区之一。

伊兹密尔市位于土耳其西部爱琴海沿岸，古称士麦那(smyr-na)，关于这个名字的来历还有一段有趣的故事：士麦那是塞浦路斯国王辛尼拉斯(cinyras)的女儿，辛尼拉斯王后夸耀其女儿之美丽，胜过"爱与美之女神"阿芙罗狄忒。这下可激怒了女神，为了惩罚士麦那，女神先让士麦那的侍女把国王灌醉，并把国王引诱

到女儿的床上,让他们发生了性关系,国王醒来时大怒,他手持长剑要杀死女儿,从宫内追到宫外一个荒无人烟的地方,正当他就要追赶上,用长剑直刺公主的时候,阿芙罗狄忒对她突然产生一种怜惜之情,没让国王将她杀死,而是把她变成了一棵没药树。就在这一瞬间,国王的长剑劈开了没药树,阿芙罗狄忒所爱恋的美少年阿多尼斯一个筋斗从树中翻了出来,这样阿多尼斯也就诞生了。

伊兹密尔历史悠久,可追溯至公元前30世纪,当时便有莱莱格人居住。公元前10世纪左右,爱奥尼亚人来到这里建立城市,并由12座城市组成爱奥尼亚同盟,这一地区逐渐繁荣壮大,并成为古希腊文明的一部分,城市发展进入第一个鼎盛期,传说古希腊史诗《伊利亚特》和《奥德赛》的作者荷马在这里出生并生活过。公元前600年,小亚细亚强大帝国吕底亚征服伊兹密尔。吕底亚国王阿得亚特下令消灭希腊人的文化痕迹,伊兹密尔进入长达300年的衰歇期。此间,吕底亚帝国被波斯大帝居鲁士所灭,伊兹密尔依旧破败。公元前4世纪,马其顿帝国亚历山大大帝打败波斯人,占领伊兹密尔,下令在帕哥斯山附近地区重建新城,伊兹密尔进入第二个全盛期。全城以财富、美景、图书馆、商贸市场、医学研究等闻名,引得亚历山大大帝数次来该城巡视。公元前1世纪,随着罗马人的到来,这里开始了一段和平的繁荣时期。公元4世纪,拜占庭帝国统治伊兹密尔,城区继续扩大。11世纪,在塞尔柱突厥人的强大攻势下,拜占庭帝国放弃伊兹密尔。塞尔柱帝国亲王查卡贝伊受封镇守伊兹密尔。从11世纪至15世纪初,

【走近土耳其】

土耳其人也喝葡萄酒和威士忌等洋酒,但若问他们最爱喝的酒精饮料,则非俗称"狮子奶"的拉克酒莫属。拉克酒是由葡萄和大茴香酿制而成,它是一种烈性酒,度数为45度,相当于我们的白酒,一般男士饮用。因其度数过高,许多人喝时要兑上一半左右的水稀释后再喝,此时酒会变成乳白色,因而俗称"狮子奶",而这也正是其神奇之处,初次见到的人都会感到十分新鲜。

伊兹密尔饱经战争蹂躏，包括拜占庭帝国的反扑，十字军的劫掠，威尼斯军队入侵，帖木儿蒙古骑兵的进攻等。1415年奥斯曼帝国苏丹麦赫迈特·切莱比率军夺取伊兹密尔，从此该城被纳入土耳其的版图之内。

土耳其近代史上的英雄城市

在土耳其近代史上，伊兹密尔也是一座英雄城市。第一次世界大战期间，根据协约国列强间达成的交易，伊兹密尔由希腊军队占领，英国海军提供支援。该市知识分子和市民，在爱国激情驱使下，成立"保卫祖国委员会"，决心以血肉之躯保卫城市。1919年5月15日，希腊军队占领伊兹密尔。青年记者哈桑·塔赫辛勇敢地向占领军开了第一枪，他的雕像如今矗立在"九月九日"广场。1922年9月9日，凯末尔指挥军队解放伊兹密尔，使该市重回土耳其怀抱。

土耳其的第三大城市

目前，伊兹密尔是土耳其仅次于伊斯坦布尔和安卡拉的第三大城市，也是土耳其第二大海港。市区面积约280平方公里，人口151260万，属典型的地中海型气候，夏季炎热少雨，冬季气温宜人。它是土耳其重要的工业、商业、外贸、海运中心之一，公路铁路交通发达，土最早的铁路即修建于此。工业门类及规模仅次于伊斯坦布尔，主要产业有纺织、食品、建材、造船、造纸、电子、冶金、石油化工等。农业耕地面积占40%，土地肥沃。棉花、烟草、葡萄、无花果和橘子等经济作物产量较高。它还是土最主要的产盐中心。

据说，这里也是丝绸之路的终点之一。另外，这里盛产美女，土耳其朋友认为全国数这里的姑娘最美。

同时伊兹密尔也是历史名城和旅游胜地。市内的主要

景点有：

圣波利卡普教堂

圣波利卡普教堂是伊兹密尔最古老的教堂，据传它是《启示录》中提到的小亚细亚七大教堂的主要代表，1690年重修，20世纪初重新修复了教堂中的壁画。它是以《圣经·新约福音》的作者圣约翰门徒圣波利卡普命名的。他于公元80年到达伊兹密尔。

卡迪费（意为"天鹅绒"）城堡

位于城市东南部帕高斯山的小山顶上，据传为亚历山大大帝手下的将军利西马丘斯于公元前4世纪末所建，后由罗马人和拜占庭人扩建而成。但公元15世纪帖木儿大军将之毁坏，1668年的大地震更使之几成废墟。现在它虽以残貌示人，却也更有一份沧桑。且由于它地势较高，可以鸟瞰城市和港口的景色，加之历史悠久，城堡仍然是游客喜欢造访的地方。

古代集市遗址

位于市区中部一处不大的空地，周围围着篱笆，其历史可追溯到亚历山大大帝时期。中间围着柱廊的草地则修建于公元2世纪马克·奥里利乌斯统治时期。

科纳克广场的钟楼

钟楼建于1901年，高25米，造型和装饰相当精致。塔上的时钟系德皇威廉二世所赠。它已成伊斯兹密尔的标志性建筑，在其附近还有1919年向希腊占领军打出第一枪的爱国记者哈桑·塔赫辛的雕像。科纳克广场往东则是伊兹密尔最重要的商业区，这里商店林立，游人如织，整日热闹非凡。

考古博物馆

这里收藏了大量的古希腊和古罗

【走近土耳其】

类似拉克的饮料在整个地中海地区都可找到，但土耳其人在喝的方法上略有不同，它不是开胃酒，喝时需伴随着新鲜沙拉、奶酪、哈密瓜、腌金枪鱼等冷菜一起吃。这种酒口味比较特殊，一般外国人刚开始会有点不习惯。但它却有保健功效，据土耳其朋友说它可以暖胃，因此少喝一点对养生有利。

马的雕刻和其他艺术品,藏品达1万件,在这里你可以看到众神之王宙斯、海神波塞冬和主管生产、婚姻的女神德墨特耳的雕像。

此外,伊兹密尔郊区还有以土耳其最大的温泉浴场著称的巴尔乔瓦(Bal90va)和既有温泉浴场又有土最好的海滨浴场之一的切什梅(CeSme)等旅游度假景点。总之,伊兹密尔地区是土耳其的旅游富矿之一,你可以根据自己的喜好进行选择。

古代吕底亚王国的首都萨迪斯

它位于伊兹密尔以东70多公里处,属萨利赫利县。其历史可追溯到3000多年前,公元前7世纪成为古代吕底亚王国的首都。该处著名古迹有建十公元前550年的阿耳忒弥斯神庙和古代体育馆遗址,尤以神庙遗址更显雄伟,其长宽各为100米和45米,足见其规模之宏大。此外,其城外的千堆冢也是一景。

萨迪斯的出名之处还在于它是世界上据认为最早铸造和使用金银币的地方。公元前7世纪末和前6世纪初,吕底亚最后两位君主阿里提斯及其子库罗伊索斯分别铸造和发行了世界上最早的金银币,钱币上通常没有文字,只有当时萨迪斯人作为忠诚象征的狮子头像。库罗伊索斯极其富有,据说他一生至少分发了10吨黄金,因此,后世便以"富得像库罗伊索斯"来形容那些喜欢炫耀财富的富豪。此外,迈达斯点石成金的故事据说就发生在古城附近的帕克托罗斯河(现名盖迪兹河)。看来古时该河中肯定产过金砂,因而才有如此多同黄金有关的故事发生在萨迪斯。

第十二节　辉煌的古代城邦埃菲斯遗址

　　埃菲斯古城应该是整个土耳其之旅最值得一游的地方之一，它可以让你看到一个格局相对完整的美丽的古代城市，从而真切地感受到古代文明的辉煌与伟大。所以我认为，到土耳其旅游，如果不去埃菲斯看一看，那将留下终身遗憾。

古城的由来和历史

　　埃菲斯(旧名以弗所，Ephesus)古城遗址位于伊兹密尔东南80公里处。它大约是在公元前1000年由居住在阿纳托利亚高原西端爱琴海沿岸的爱奥尼亚人(Yonians)兴建的。爱奥尼亚人对希腊文

化有过极大贡献，其中《荷马史诗》被视为千古名著。据历史记载荷马于公元前850年出生在伊兹密尔附近一个叫契奥斯 (chios)的岛上，是一位著名的诗人。他的《荷马史诗》在公元前7世纪开始被人们知晓，在整个希腊和罗马时期史诗被奉为神圣的诗篇。

此外，爱奥尼亚人在哲学、地理、史学、建筑、雕塑等方面也有杰出成就，埃菲斯古城的建筑集上述成就之大成。

考古发掘表明，爱奥尼亚人在首领安德罗克勒斯率领下，从希腊中部迁居阿纳托利亚西部沿海地区，征询贤哲意见后，定都埃菲斯，开始了大规模的城市建设，广泛采用柱式结构，配以大量雕塑和壁画，爱奥尼亚式建筑因此得名，并成为古希腊五种建筑风格之一。

埃菲斯城建成后不久，安德罗克勒斯在与小亚细亚古代民族卡里亚人的战争中死亡，埃菲斯城的后续发展变得缓慢。

公元前7世纪，辛梅里安人攻克埃菲斯，焚毁整个城市，包括该城附近的世界古代七大奇迹之一的阿耳忒弥斯（Artemis）神庙。

公元前6世纪，吕底亚国王克罗伊斯率军夺取埃菲斯，下令重建该城。不久，波斯人灭掉吕底亚王国，继续扩建埃菲斯城，疏浚港口，开辟了自埃菲斯经吕底亚旧都萨迪斯至波斯阿契美尼亚德王朝首都苏萨（SUSa）的商路。

公元前4世纪，马其顿国王亚历山大大帝挥师征服阿纳托利亚，刺激了埃菲斯城的商业，其部将利西马丘斯驻守该城，颁布鼓励贸易的法令，使该城成为爱琴海东岸的贸易中心，同时沿城周边地带兴建防御工事，城内面积达9平方公里。在这个时期，城内第一次拥有了剧场、赛跑场和竞技场。

公元17年，埃菲斯城毁于大地震。罗马帝国第二任皇帝提比留斯下令重建。哈德良（Hadrian）时期，城区主要建筑风格由希腊特色转变为罗马特色。

这一时期，基督教被引入该

【走近土耳其】

到了土耳其你不妨试喝一杯，看看感觉如何。如觉得接受不了，也可换葡萄酒，土耳其的葡萄酒口碑也不错。土耳其人认为，尽管葡萄酒不是从土耳其传往世界各地的，但是阿纳托利亚是它的发源地。因为从赫蒂古遗址的浮雕壁画上就发现了国王们祭献葡萄酒的情景，在爱琴海地区也曾发掘出古希腊的双耳酒罐，从而证实那时当地就已向地中海国家出口葡萄酒了。

城。圣保罗曾经多次来此传播新的宗教信仰,使基督教在埃菲斯得到很大发展,这从当时新建的教堂可以看出,同时原有的对阿耳忒弥斯的崇拜渐渐归于平淡。据说当耶稣被钉死在十字架上之后,圣母马利亚和传教士圣约翰一同来到埃菲斯,圣母并在此度过余生。圣约翰在此地撰写基督教《圣经》,直至生命结束。

罗马帝国的奥古斯都执政时期,曾宣布埃菲斯取代贝尔加玛作为小亚细亚行省的首府,这时的埃菲斯达到了鼎盛时期,人口达到25万,成为"亚洲第一大都市"(埃菲斯人自己的评价)。

公元6世纪,埃菲斯城通往爱琴海的河道严重淤塞,造成贸易中断,居民被迁至阿亚索鲁克山一带,通过陆地与周边地带开展贸易,城内变为宗教活动场所,兴建了著名的圣约翰教堂,拜占庭皇帝查士丁尼一世专门视察过教堂。

1090年,埃菲斯被塞尔柱突厥国攻占,希腊和罗马时期的文化遗迹基本上得到了保护。奥斯曼帝国时期开始了对遗迹的研究。

土耳其共和国成立后,埃菲斯被辟为旅游景点。

古城的主要景点

埃菲斯位于夜莺山和帕纳尤尔山谷之间,从东部的玛格奈西亚门一直延伸至西部的古代海港码头。

整座古城有两条主要大街。一条名为库雷特勒尔大街,另一条名为大理石大街。

库雷特勒尔大街(Kuretler)

从东部进入玛格奈西亚门你会看到高耸的城墙,以及附近的特拉扬努斯供水站,它是一座豪华的大理石建筑,它的陶制输水管道可以满足全城约5.5万人的饮水需要。不远处还有一片被称作国家市场的占集市遗址。

从集市回到主干道,你可以看见一条全由石板铺成的宽阔大道,这就是库雷特莱尔大街。

街的另一边有兼作小剧场的元老院议事厅,其座位有23排,可容纳1400人。座位皆由大理石做成,现在上面的已经毁坏,但下面的却保存完好。库雷特莱尔大街修建于公元114—115年。这是从城门到元老院议事厅、医院、浴室、贸易中心的主要干道。两旁有商店、饭店、医院、小型加工厂等。这些经营场所在当时都是由政府以出租方式,租赁给不同的商人。大街的两旁矗立着很多当时的雕塑艺术品。在通往医院的道口有两尊雕塑,一是自由女神,另一是健康女神,合称为塔拉依奴斯门。

在库雷特莱尔大街更远些的地方就是罗马国王特拉姜(Trajan)修建的纪念喷泉。路的左侧是名为亚马契艾乌莱里(Yamac Evleri,意为"山坡小区")富人住宅区。考古工作者在此挖掘出很多工艺品和极具价值的镶嵌画。这些房子的建

> **【走近土耳其】**
>
> 在奥斯曼时期葡萄酒的生产有所下降,自共和国成立后,葡萄酒生产得以恢复和发展。有名的葡萄酒有"雅库特"、"多卢加"、"卡瓦克勒德雷""特拉基亚"等等,有的还获得过国际大奖。

筑风格为了解当时的社会结构提供了重要线索。

在路的右侧是斯科拉斯提卡(Scolastikia)浴室。该浴室历史可追溯至公元前1世纪,后在公元4世纪曾重新修复过。罗马帝国时期这里很受欢迎,穷人和富人都可以无偿享受这里的蒸汽浴室和浴池,当然只有富人才有闲暇在这里长时间逗留,他们可以一边讨论政治和各种小道消息,一边享受着仆人们的按摩。浴室的隔壁发现了马赛克镶嵌画的遗迹,水井里发现了陶土制的普里阿普斯生殖之神的塑像。

浴室的另一边是科林斯风格的哈德良神庙,它建于公元2世纪,是埃菲斯最精美的建筑之一,其由石柱支撑的拱顶中央是埃菲斯守护女神堤喀的半身塑像,神庙走廊内侧墙壁上的浮雕描述着城市建筑师及他的助手们的故事。神庙旁街道的侧面有一座保存完好的公共厕所,它有完善的冲水系统。

大理石大街

大理石大街是码头到图书馆的主要干道,东北走向,也是当时城市的主要大街。因大街都是用大理石建成,故称作大理石大街。大街全长500米,宽达11米。街道两旁有着带镶嵌画的柱廊,柱廊后面则

是一家家店铺。其令人惊奇之处在于,据一件出土文物上的铭文记载,当时这条街在晚上是有灯光照明的。这条大街的旁边有港口浴室,这是埃菲斯最大的建筑之一,里面有一个长达30米的椭圆形浴池。大街东面为市区,

南面是居民区,西面有自由市场,北面为大剧场。大剧场是世界上最大的古代剧场之,这座具有古罗马风格的建筑始建于公元前3世纪,直到公元2世纪末才建成。阶梯式的看台有三层。可容纳2.5万名观众。从最下面的舞台走到最高处,距离长达60米。从古剧场的最高处可以欣赏整个埃菲斯的景色。古时候,圣保罗曾经常在这儿讲经。剧场基本保存完好,现在,每年埃菲斯节庆典期间,音乐会就在此举行。

杰尔苏斯图书馆(Celsus)

杰尔苏斯图书馆坐落在库雷特莱尔大街和大理石大街相接之处,它的修复在世界上也可算是古建筑复原成功的范例之一,它的正面已基本恢复原状,这使得它成为埃菲斯最为辉煌壮丽的建筑。它建于公元200年,是由一位罗马领事为纪念其父而修建的,是当时最大的图书馆,高16米,宽21米。大门是用各种不同颜色的大理石建成的。大门两侧和中央有三尊雕塑。为了不影响阅读,整个图书馆建有一间一间的阅览室。

看了上面的介绍,我想你一定会产生一种冲动,想尽快飞到埃菲斯去亲自领略其一座完整的古城的独特魅力。而当你参观完之后,恐怕你也会对古代建筑师、雕塑家和普通工匠们的高超技艺和艺术水准发出由衷的赞叹。

第十三节　基督教圣地圣母马利亚故居和阿耳忒弥斯神庙

埃菲斯遗址的近郊还有一些景点也很有名，最重要的有两处，一是圣母马利亚故居，一是阿耳忒弥斯神庙。为不留遗憾，我想这两处地方也不应漏过。

圣母马利亚故居

圣母马利亚故居被称为"梅丽玛纳"，它建在埃菲斯南面的"夜莺山"上。故居由石块砌成，简朴中透着神圣。

相传耶稣死后第四年，由于耶稣的嘱托，圣约翰陪同圣母来到埃菲斯，此后圣母便在埃菲斯南面的"夜莺山"上居住，直到去世，终年101岁。而圣约翰则住在8公里以外的塞尔丘克小城旁的小山上，潜心撰写《圣经》。后来查士丁尼皇帝在该地建立了一座纪念他的基督教教堂，教堂现在保存完好。

据说德国一传教士根据史书记载断定圣母马利亚晚年隐居于此，他于1891年在当地农民协助下找到这一遗迹。发掘出的一些手工艺品和煤炭碎片经过相关测定，人们确信圣母马利亚曾经在此居住。

还有一种说法是，19世纪时，一位卧床不起的德国人卡瑟瑞娜·艾梅里契靠灵感写了一本书名为"圣母马利亚的日子"，她虽从来未到过这个地区，但在书中描述的景象却和此处惊人地相似，书中小教堂的位置被确定位于山顶。正是由于这本书中的记载，圣波利卡普教堂的牧师们才成功地发现了这片遗址。

不管哪种说法正确，这里是圣母安度晚年的地方应该是确凿无疑的。现在，该遗址盖有一座小教堂，内供圣母像，每年8月25日圣母逝世纪念日时，基督教徒都来此举行祈祷仪式。此处已被教皇宣布为基督教圣地，教皇保罗二世也曾经来此地朝拜。

故居建于山顶一块平地上，面对着幽幽山谷，环境十分优美而静谧。教堂下边山坡上有一处泉水，传说圣母马利亚曾饮用过，因而被称为"圣水"。据说，饮后平生夙愿便可实现，而且神会保佑你万事如意。因此来此朝圣或旅游的人都要争取喝上一口。笔者每去一次都要饮用，泉水甘甜清澈，确是好水。你要是到了此处也千万不要忘了喝点"圣水"。

第三章　彰显帝国霸业的风景线

目前土耳其在经济实力上列世界第十六位，土耳其的目标是进入世界经济十强，并成为欧亚交汇点的金融、贸易、制造和出口中心。为实现这一目标和尽早与欧洲经济接轨，近年来土耳其政府一直在大力提倡加快基础建设，并制定了以能源、交通和电信为发展方向的方针和政策。

理财是一个长期过程,需要"耐心和时间",一夜暴富是不可能实现的。对于投资理财要有耐心,那些说很多"花言巧语"骗你投资的项目,是最简单的骗人的招数,克服人的贪性,耐心、细心多一点,骗子的骗局根本没有站得住脚的机会。

根据自己的情况选择投资组合,不要随波逐流,很多受骗的人在事后都会后悔地说是因为朋友告诉自己买了这个投资产品,据说收益很不错,所以自己也买了,最后却是被骗子骗了。在做理财投资时,一定要根据自己的情况来选择投资产品,每个人对投资的需求是不同的,正如"鞋与脚合适不合适,只有自己知道"一样,能不能够买一个投资产品也只有自己知道。

第一节　塞尔柱王朝的故都科尼亚

　　大家都知道,奥斯曼帝国的首都是伊斯坦布尔,那先于奥斯曼人在阿纳托利亚建立的第一个突厥人国家塞尔柱王朝的首都又在哪儿呢? 它似乎也是我们土耳其之旅必须列入行程的地方。这个地方便是安卡拉以南260公里处的科尼亚。科尼亚不仅是塞尔柱王朝当年的首都,而且也是土耳其著名的宗教舞蹈"塞马"转舞的发源地。

　　科尼亚是一座名副其实的古城,它是阿纳托利亚地区最早的居民点之一。根据古代弗里吉亚人的传说,它是《圣经》中所说的大洪水之后地面上出现的第一个城镇。其历史至少可追溯到公元前3000年, 当时的居民就是曾经创造灿烂史前文化的赫梯人。其后弗里吉亚人统治了这里,在后来漫长的的岁月里,这里曾是吕底亚人、古波斯人、古罗马人的天下,公元前2世纪被划入罗马帝国的版图,公元395年又成了拜占庭

帝国的一部分,7世纪先后为波斯人和阿拉伯人所占。11世纪,土耳其人的祖先、原居中亚一带的突厥人西迁至阿纳托利亚地区,并建立了塞尔柱苏丹国,由于最早的都城伊兹尼克被十字军和拜占庭人攻占,科尼亚在此200多年间(1071—1308)遂成了塞尔柱王朝的首都。这一时期在科尼亚历史上有着重要地位。它给科尼亚留下了值得自豪的一页。尽管岁月流逝,沧海桑田,但现在在科尼亚仍可发现塞尔柱古迹比比皆是。

科尼亚的塞尔柱古迹

一进入科尼亚市区,阿拉艾丁高地上塞尔柱苏丹克勒契·阿尔斯兰行宫的遗迹便映入了眼帘。尽管它现在只剩下一堵高约10米的残垣断壁,但作为文物,它却是无价之宝。土耳其政府为了保护这一已有700多年的历史古迹,特地在它上面盖起了一座相当艺术化的拱顶,两者倒颇为相得益彰。再往前走便到了卡拉塔伊博物馆。它建于13世纪,是由塞尔柱苏丹国宰相卡拉塔伊下令建造的经学院,因而以他的名字命名。这座当年的高等学府系石质建筑,大门上雕刻着精美的图案,显示了塞尔柱时期高超的石刻和建筑艺术。进门后便是明亮的授课大厅,厅呈方形,屋顶则为穹顶,由蓝黑色基调的瓷砖镶嵌而成。毫无疑问,这种建筑形式正是"天圆地方"思想的体现。大厅正中有方形的水池,泉水终年不断地流过。据说,潺潺水声可以帮助人们潜心攻读。现在这座经学院以及邻近的同时代建造的小尖塔经学院都已改为博物馆,里面陈列着科尼

【走近土耳其】

传说,公元3世纪时,有一批僧侣因逃避迫害辗转来到加法域,一天夜里他们发现牲口整夜吵闹不安,不肯入睡,并注意到,一群在咖啡树旁草地上吃草的羊,精力特别旺盛,它们七天七夜彻夜不眠,其中一人为了探明原由,便细心观察,终于发现是咖啡所致。于是为了证实这一点,他也亲口尝了尝咖啡豆,果然觉得精神百倍,兴奋异常。从此咖啡便开始了作为人类食品的历史。后来咖啡逐步传入阿拉伯世界。

亚地区搜集的塞尔柱和奥斯曼时代的艺术品,前者以瓷砖及其残片为主,后者大多是石雕和木雕。这些艺术品中以塞尔柱时期的瓷砖和石雕更为珍贵,因为塞尔柱时期的文物由于年代久远,为数不多。其中的瓷砖特别引起人们的兴趣。这些瓷砖上绘有各种图案:苏丹和他的侍臣,打坐的宫女,打猎归来的猎人,手持花朵的女人;也有双鸟图、猎犬图、老鹰图;还有鸟身人面的少女和狮身人面像,不过这里的人面可不像大家熟悉的埃及金字塔旁边的斯芬克司,而是地地道道的土耳其人面孔。

在科尼亚博物馆里还有不少塞尔柱时期的石雕艺术品,其中最引人注目的是一座雄劲有力的双头鹰浮雕,这是当年塞尔柱王朝的徽志。它原来刻在科尼亚城堡上,城堡已不复存在,但这一双头鹰石雕却十分难得地保存了下来。此外,还有身着当时土耳其人服饰但却长着一双鹰翅的天使,两个身披盔甲手执武器的古代武士,以及被称为"龙"、实际像虎和希腊神话中特有的鹰头狮身、

但又长着翅膀的怪兽等等浮雕,它们无不造型古朴浑厚、形象生动逼真,充分显示了古代土耳其工匠们的超群技艺。

科尼亚同其他土耳其城市一样,建有众多的清真寺。清真寺高高的宣礼塔给城市容貌增添了无限风韵,同时也为它抹上了浓浓的伊斯兰色彩。其中最有名的阿拉艾丁清真寺仍然是塞尔柱苏丹国的建筑,它建于1220年,是阿纳托利亚地区现存最古的塞尔柱时期的清真寺。

附近的古人类遗址

顺便说一句,土耳其境内著名的古人类文化遗址恰塔霍于克就在科尼亚以南45公里处。这个公元前1万年的新石器时代的村落,是世界上最古老的人类居住地之一。在公元前五六千年,它已成了一个约有5000人口的市镇。它被有些考古学家评价为"人类定居文明的摇篮",在新石器时代的文明中有着举足轻重的地位。现在它已被联合国教科文组织列入世界历史文化遗产名录。

据认为这是目前所知的世界上最早开始实行灌溉和饲养家畜的地方,生活在这里的人们还在公元前好几千年便知道纺织衣物,纺织简单的毯子,他们冶炼矿石,制造斧子、短剑和镜子。他们还有自己的神庙,里面绘有壁画,并有小型雕像。

这里的发掘工作还在进行,有些代表性的文物收藏在安卡拉的博物馆中。

第二节　科尼亚的梅夫拉那纪念馆

提到科尼亚，就不能不提到一位圣哲——梅夫莱维教派的奠基人梅夫拉那。他就长眠在科尼亚以其命名的纪念馆中。现在每年在他的逝世纪念日都要举行悼念仪式，这使科尼亚名闻遐迩，吸引着各地的宗教信徒和游客前来参观。

梅夫拉那生平

梅夫拉那名杰拉莱丁·鲁米，"梅夫拉那"是人们对他的尊称，意为"我们的先导"。他1207年生于现在阿富汗境内的贝尔赫(Bem)城，其父为当时著名学者巴哈艾丁，被尊为"知识之王"。因同当地其他学者观点相左，并触犯了统治者，为他们所不容，加之家乡遭蒙古军队的入侵和掳掠，巴哈艾丁毅然决定举家西迁，远走他乡。在以后的年代里，梅夫拉那一家先后客居内沙布尔、巴格达、麦加、麦地那、耶路撒冷、大马士革等地，最后进入塞尔柱帝国境内。1228年巴哈艾丁应塞尔柱苏丹凯依库巴德之邀来到科尼亚传授知识，从此，梅夫拉那一家便在那里定居并与科尼亚结下了不解之缘。3年后巴哈艾丁溘然长逝。自幼聪慧无比的梅夫拉那在其父亲的著名弟子赛义德·布尔哈奈丁的指导下，经过9年的刻苦攻读，并在当时学者聚集、文人荟萃的阿勒颇和大马士革逗留两年，学识大有长进，甚至超过其父水平，回到科尼亚便继承了其父

【走近土耳其】

16世纪早期，咖啡馆在伊斯坦布尔像雨后春笋般的兴建起来，咖啡变成"棋手和思想家的牛奶"。咖啡馆成为男人们讨论政治或下十五子棋，或是用表演皮影戏来嘲讽和批评政治的新场所。

的衣钵成为科尼亚最有名的宗教和学术界领袖、梅夫莱维教派的一代宗师。

梅夫拉那的"仁爱"思想

梅夫拉那属于苏菲教派，他受过著名神秘主义者谢姆赛廷很大影响，但他不同于一般的苏菲派教徒，他创立了一整套学说，这为其长子维莱德创立梅夫莱维教派奠定了基础。梅夫拉那学说的中心思想就是主张"仁爱"，他说"仁爱乃先知之道，我们是仁爱之子，仁爱是我们众人之母"。他认为，只有具有仁爱之心的人，才能如繁星中的皓月那样光彩夺目。他希望实现一个没有仇恨、没有争吵的和平世界，他认为友谊和平的关键就在于人们彼此相爱。因而主张不管民族和教派，人们应该友好相处，因为"对于热爱上帝的人来说，民族和教派只有一个，那就是上帝"。正因为他没有门户之见，因此许多基督教徒也成了他的信徒。梅夫拉那博学广闻，多才多艺，他不仅是思想家和哲学家，而且在文学上也有精湛的造诣。他精通波斯语和阿拉伯语，其传世巨著《梅思内维》《迪伐讷·凯比尔》就是主要用波斯文写成的。它们分别由2.5万多和4万多"贝叶特"(土耳其诗歌的一种格式，每两行一韵为一个"贝叶特")组成，洋洋大观，令人叹为观止。后人就《梅思内维》一书赞美他说："他不是先知，却有先知之作。"此外他还著有《费希—马费赫》(谈话集)《书信集》和《梅贾利西·塞勃阿》等著作，流传甚广。他通晓希腊语和印度语言，对古希腊哲学和波斯、印度、阿拉伯等国的文学素有研究，对天文、音乐、舞蹈也颇为在行，这些对他能在伊斯兰世界独树一帜也有相当大的作用。

梅夫拉那于1273年12月17日去世,被安葬在父亲墓旁。陵墓坐落在塞尔柱苏丹赐予的一片玫瑰园中,绿色玻璃瓦尖顶在太阳下闪闪发光,人们从老远就可看到。那里安葬了梅夫拉那家族以及梅夫莱维教派的名人共65人,其中以梅夫拉那及其长子维莱德的合葬墓为最大。墓为石棺,上面覆盖着金线绣成的织物,用阿拉伯文绣着花纹和选自《迪伐讷·凯比尔》及《梅思内维》中的诗句。现在陵墓已辟为纪念馆,除上述石棺外,还陈列了许多稀世珍品,其中有当年苏丹们赠送给梅夫拉那的珍贵地毯、金银线刺绣品,还有古代古兰经的手抄本以及梅大拉那的《梅思内维》一书的真迹。梅夫拉那教徒把纪念馆看作是圣地,经常有人在梅夫拉那墓前顶礼膜拜、虔诚祈祷,不少人认为来这里是"半个朝觐"。

独特的宗教仪式"塞马"转舞

梅夫拉那虽已逝世700多年,但至今每逢他的忌日,科尼

亚都要举行由他们父子独创的宗教仪式以示纪念。这种仪式非常独特,看过一次便会终生难忘。在仪式上,跳舞和奏乐的托钵僧们一律为男性,他们穿着黑色长袍,戴着淡褐色筒状高帽,被称为"谢赫"的长老进场,并占据自已的位置后仪式便告开始。首先由能够背诵《古兰经》的哈菲兹诵读对梅夫拉那的颂词,接着吹箫的乐师吹奏宗教音乐。据说箫声既表达了对故乡的怀念,又可激起人们升入天堂的愿望。随后,表演"塞马"舞的托钵僧们(他们被称为"塞马赞")在"谢赫"的带领下绕场三周,并依次到"谢赫"面前请求同意他们起舞。这时他们脱下黑色长袍,身着白色短上衣和有着宽大下摆的长袍,在音乐伴奏下开始不停地旋转,历时长达三四十分钟,这便是"塞马"转舞。旋转时"塞马赞"们双眼微闭,双臂张开,右手心向上,左手心向下。这表达他们超脱凡尘,升入天堂,一面接受真主的恩赐和启迪,一面毫无保留地将之撒向人间,自己并无任何私欲。他们不停地旋转,则是表现万物都在运动、群

星绕日而行、地球自转公转等宇宙现象。从这点也可看出梅夫拉那丰富的天文学知识对其首创这一独特的宗教仪式有着不可忽视的影响。

"塞马"仪式有三大要素:音乐、诗歌、"塞马"舞。音乐在其他伊斯兰教派的仪式中是绝对没有的,但梅夫拉那认为,音乐是仁爱之心的声音,它可以像浇灌玫瑰的雨露一样滋润人们的心田。"塞马"舞则是仁爱的表现形式,按照梅夫莱维教派的观点,它会使人感到自己同上帝更为接近,内心会泛起神秘的幸福感,因而这是最好的精神享受。

【走近土耳其】

　　17世纪中叶,土耳其咖啡也成为奥斯曼帝国宫廷庆典仪式的一部分。烹制咖啡的人需在40多个助手的协助下为苏丹准备和制作咖啡。后宫和闺房中的妇女也必须接受强化训练,学习如何制作正宗土耳其咖啡的技巧。那时,未来的丈夫也以品尝咖啡的味道为主要手段来判断妇女的操行。

第三节　地貌奇观卡帕多西亚

　　大家都知道，我国云南有处"石林"，以其奇特的地貌吸引着大量的游客前住观赏。无独有偶，土耳其也有一处以地貌奇观闻名于世的景区，而且它的范围更大，形状更特别，这就是位于安卡拉东南方向将近300公里处的卡帕多西亚。这里的地面是有大片形状怪异的小山峰拔地而起，成千上万，蔚为奇观，使人仿佛置身于亦真亦幻的奇妙世界。

　　卡帕多西亚这一名称源自古希腊和古罗马的叫法，一直沿用至今，它是指阿克萨赖、尼代、内夫谢赫尔和开塞利之间的地区。

　　那么这些小山是如何形成的呢？据考证，它们是由数百万年前埃尔吉耶斯火山、哈桑火山和梅伦地兹火山爆发后的灰烬散落

到克泽勒厄尔马克(意为红河)地区，随之转变为高原凝灰岩层，再经历数千年的风化和河湖雨水的冲刷逐渐形成的。

　　由于山形独特，当地人民给它们起了个很有想象力的名称，叫"仙女玉腿峰"。这种平地突起、多姿多

彩的石柱形状各异,有的成圆锥形、有的呈圆柱形或蘑菇形,有的上罩圆锥形石块,像是头上戴了顶帽子,千奇百怪,令人惊叹大自然造化神功之精妙。

克泽勒厄尔马克北部就有许多尖顶戴帽、圆锥形的小山峰"仙人烟囱",其景区长18公里,面积288平方公里,"仙人烟囱"高达40米,由于风化严重,有的"烟囱"快支撑不住上面的"仙人帽"了,然而在老的"仙人烟囱"遭受侵蚀的同时,新的"仙人烟囱"也在悄然逐渐形成。欣赏这一天然景观的最佳地区是于尔居帕、于契希萨尔和阿瓦诺斯三个城市中间的三角地带。其中包括游客们常去的戈雷海。

卡帕多西亚地区史前就有人类居住,这可从尼德的科西克·赫尤克遗址、阿克萨赖的阿修克勒—赫尤克遗址以及内夫谢希尔的基伟勒克洞穴的历史遗迹和文物得到证明。

在青铜器时代早期,卡帕多西亚受亚述文明的影响,文字开

始传入。这里有一条横贯东西，甚至与丝绸之路重叠的贸易商道，因而使它成为历史上各种文化以及不同信仰和哲学思想相互交汇、相互融合、相互影响的重要地区之一。

石笋上的住人洞穴

人们可以看到当地许多形体稍大的石笋上都有人工开凿的石窟用于居住，数量众多，难计其数。尽管多数洞穴已废弃不用，但也有一部分至今仍在住人。历史上关于这种现象形成的原因，有几种不同的说法。一种说法是，卡帕多西亚的丰富资源和兴旺发达的贸易诱惑人们为之争夺和抢掠，因此历史上该地区频频遭受外来入侵和袭击。为了免遭劫掠，当地古代居民便躲入火山洞和人工开凿的洞穴中避险，并把洞口隐蔽起来，以免引起那些外来入侵者的注意。为了便于长时间的蛰居，在洞里引来了水源，建有储粮室、酒窖和数千个大大小小的教堂，并绘制了精美壁画。久而久之，这里便形成了建于平地而起的"仙女腿"上的大大小小的居民洞穴这种奇特景观。

另一种说法则是，纪元之初，一群基督教徒为逃避罗马人的迫害和追杀，开始迁移到卡帕多西亚过起隐居生活。为便于藏匿和防御，他们开凿了这些山洞。

这些洞穴中一部分成了传教士和隐士们的小教堂和修道院，而大部分(数量上千)的洞穴则成了住家，它们冬暖夏凉，防潮隔热，适宜居住。许多教堂都曾经绘有精美的壁画，它们依照正宗教派的信仰描述了耶稣和信徒们的生活情景,可惜后来遭到一些反传统观念的教徒的大规模破坏。现在我们看到的一些壁画是经过土耳其文化部和联合国教科文组织的共同努力才得以恢复的。

规模宏大的"地下城"

出于某种需要(通常是出于军事目的)开挖地道的做法古已有之。而现在在我国更为人们熟知的便是地道战。众所周知,抗日战争时期,华北地区群众,为了抗击日本侵略者,曾经在地下修建了多处地道,进行过充满智慧而又艰苦卓绝的地道战。

现在在卡帕多西亚地区,我们也可以看到相似的地下设施,而且规模相当大,被称为"地下城",而修建的年代则要早得多。其来历据说是,公元2世纪,一群人从耶路撒冷经过现今安塔基亚和开塞利迁至这一带定居下来。他们发现这里较软的火山岩很容易凿洞,就开始扩建山洞,并开出通道把它们相互连结起来,逐渐形成神秘而吸引人的"地下城"。

其中规模较大的则是德林库尤地下城,它位于内夫谢希尔和尼德之间的高速公路上,离内夫谢希尔市29公里。始建于公元7世纪。该地下城离地面有40米深。约有18~20层,目前只有8层向游客开放。它有1200多间房,

遇到危险时可藏匿1万人。它们通过一条10公里长的通道与其姐妹城卡伊马克勒相连,后者有地下8层和同样数量的房间,占地面积2500平方米。值得一提的是,地下城里的通风系统非常之好,即便在最深的一层,都可呼吸到新鲜空气。此外还有大量的小型地下城和村庄,它们共同组成了一个防御系统。

参观之后人们都会不约而同地对古人的艰苦劳动和高度智慧发出由衷的赞叹。惊叹之余人们也会思索一些问题,例如:如此巨大的工程在缺少工程机械的古代是如何修建的?从洞中挖出的火山岩灰和泥土是如何运出来的?地下城的工程历时多久?究竟是谁在地下城生活过?在这里避难的人们是怎么解决如厕问题的等等,可惜这些问题至今仍无法解答,连考古学家也对此感到迷惑不解,这些有待于人们去深入研究。

此外,这里不仅有地下城,还有修建于小山上的各种大型堡垒,人们不仅藏身于地下,还利用在小山中挖掘的巨大堡垒,来抗

击敌人的进攻。在这些迷宫式的堡垒中要算于契希沙尔、奥尔塔希沙尔和宋希沙尔最大也最有名。在这个地区生活过的历史名人随着阿纳托利亚地区伊斯兰教的传入,卡帕多西亚又变成一些有名的穆斯林学者和哲人们的家园。

13世纪,土耳其宣扬伊斯兰神秘主义教义的哈吉·贝克塔西·韦里就在内夫谢希尔省的哈吉贝克塔西县定居下来。他主张博爱、宽容、忍耐,他的哲学思想对安纳托利亚的不同土耳其人群的团结一致起到至关重要的作用。

尤努斯·埃姆雷是另一个重要的神秘主义教派诗人,他在克尔谢希尔(Kirsehir)住过一段时间,诗人充满仁爱的精神启迪和激励了人们,直到现在,他的诗句和思想在土耳其民众中仍有较大影响。为纪念他诞辰750周年,联合国教科文组织宣布1991年为国际尤努斯·埃姆雷年。

整个卡帕多西亚地区可看的古迹还有很多,如阿克萨拉伊省的大清真寺、埃伊尖塔、阿拉伊汗和苏丹哈纳的商队客栈。内夫谢希尔省的萨勒汉商队客栈和于尔居普·塔希肯帕夏清真寺、开塞利的多内尔·库姆贝特陵墓。特别是历史医学博物馆更

为有名,它是当时阿纳托利亚地区第一个医药学校和医院,由塞尔柱苏丹格亚塞丁·克伊胡斯雷夫一世之妹于1250年建造。由于卡帕多西亚地区覆盖了数个省市,要参观的景点又很多,参加旅游团组的活动较为方便。

第四节　进入世界文化遗产名录的萨夫朗博卢

　　旅游者都有这样的体会,每到一处新的地方,对于当地的一般建筑物,大家似乎并不太留意,因为除了少数极具特色的以外,各地绝大部分的房屋都大同小异,而古建筑则不然,即使是古民居也往往都带有自己鲜明的民族或地域特色,人们往往对之比较感兴趣,必欲观之而后快。

　　联合国教科文组织也对保护这类古民居非常重视,例如,我国皖南黟县的西递和宏村古民居已被列入世界文化遗产名录。而在土耳其也有一处地方的古民居同样被列入了这一名录,受到保护,这就是安卡拉西北约100公里的萨夫朗博卢镇,那里大概有800座19世纪风格的奥斯曼建筑风格房屋。它们一般都是木质结构的二三层的小楼,屋顶盖有红瓦,墙体基础部分由石块砌成,上面则以木板构成,再涂以白色或黄色,配以深色窗框,显得简洁明快,而楼上一层或二层,都有一部分突出于墙体之外的小型吊脚楼,使整个建筑整齐但又不显单调。连片的房屋组成街道,显得古色古香而又韵味十足。这里最能集中体现这种古民居之美的街道便是阿拉阿丁街(Alaadin Sokak)，你不妨就入住在那里。

　　萨夫朗博卢位于伊斯坦布尔通向巴格达或是通向黑海岸边锡诺普的古商道上，自17世纪以来就是商业重镇，市面相当繁华。直至现在这里仍以皮革业、铜器和铁匠工艺闻名于世。萨夫朗博卢还盛产藏红花和其他香料，而其名称中的"萨夫朗"即为藏红花之意。现在这里有200年历史的大集市还是相当热闹，在集市上你可以买到传统的鞋子、服装、织品和草药等等，当然还有藏红花和有名的土耳其软糖——洛库姆，这里生产的洛库姆在土耳其可是首屈一指。

　　如有时间，你还可以去参观这里的柯普茹吕麦赫迈特帕夏清真寺，寺内的手工艺品展览还是很有当地特色的。此外，如有兴趣，还可光顾下已修葺一新的17世纪遗留下来的土耳其浴室，在浴室的大理石地面上你可尽情享受热水和蒸气给你的体肤带来的舒适，帮你冲掉一身旅途的尘土，让你变得格外容光焕发。

第五节　特拉布松和土耳其的"悬空寺"

　　土耳其北部濒临黑海,而黑海地区最有名的城市便是特拉布松。它位于黑海沿岸的东部,人口10多万,现为土耳其黑海地区第二大城市。

　　特拉布松历史相当悠久,也比较复杂。地下文物表明,这个地区在青铜器时代以前便有人居住。至于建城则可追溯到公元前7世纪,当时从事海上贸易的米莱托斯人在此建立了贸易殖民地。因当地地形为山脉伸向海边的一块台地,从海上看去如同一个桌子,因此,他们便以古希腊语中意为桌子的"特拉佩查"的变音把它叫作"特拉佩苏斯",久而久之,就变成了现在的特拉布松了。

历史沉沙

　　公元前6世纪,波斯人成了地区的统治者。公元前4世纪亚历山大征服该地区,他死后波斯人利用混乱局面建立了本都王国,当时在表面上实行希腊化,但仍保持波斯的社会结构。此后本都王国逐渐强盛,公元前1世纪并入罗马帝国。拜占庭时期特拉布松成了一处贸易和宗教中心。1204年,十字军占领君士坦丁堡,拜占庭皇帝康尼诺斯之孙阿历克休斯和大卫逃到此处,在格鲁吉亚王后塔玛拉帮助下建立起特拉布松为首都的王国,并维持了一二百年的繁荣。当时,特拉布松王国执行和平外交并通过政治联姻等手段维持了地区和平,促进了自身强大。后来丝绸之路改道此处,导致这里同热那亚和威尼斯之间的贸易大幅增加,使得特拉布松成了黑海地区通向波斯和巴格达商道上的重要港口,从而带来了繁荣。后来塞尔柱人和帖木儿大军多次进攻该城,但都未能攻克。1461年,特拉布松并入奥斯曼帝国。此后,第一次世界大战期间俄国人曾短期占领该城,随后希腊族本都人武装和亚美尼亚人在此实行武装割据,但特拉布松很快光复。19世纪,随着安卡拉至土东部的铁路以及通向伊朗的公路的修通,特拉布松海上贸易的光辉几乎消失殆尽,城市的繁荣程度也大为降低。近几十年,出于地理原因,前苏联各共和国同特拉布松之间的贸易大为活跃,特拉布松一定程度上又恢复了昔日的光彩。

特拉布松的古迹主要有建于拜占庭时期的古城堡、藏有精美拜占庭绘画的索菲亚博物馆,一些拜占庭时期的教堂以及建于奥斯曼时期的清真寺、喷泉、浴室等等。但这里最有名的景点还是苏

梅拉修道院。

修建于峭壁之上的修道院

大家都知道，我国山西浑源县有座建于峭壁之上的悬空寺，被视为建筑奇迹，让人叹为观止。不过大家可能不知道，土耳其也有这样一座悬空寺，这就是特拉布松附近的苏梅拉修道院。

苏梅拉修道院亦称圣母修道院，它位于特拉布松南面不远的马契卡县城南17公里的一处景色优美的山谷中，其奇特之处在于寺院高达7层的石质建筑全部建在离地200米、坡度达90度的悬崖之上，它紧贴山崖，浑如天成，雄踞于天地之间，傲视山下奔腾的激流，令观者惊叹不已。

根据传说，有两位来自雅典的修道士，梦中得到圣母的指示，修建了这座修道院。而更为正式的说法是修道院建于公元4世纪，当时拜占庭皇帝为鼓励当地人皈依东正教而让人修建的。至于这么大的建筑，在如此险要的地方，当时是怎么建成的？这就无人能说得清了。人们只能用"鬼斧神工""有如神助""不可思议"之类的字眼来形容它。

【走近土耳其】

咖啡渣虽不能喝，却有其特殊用场。土耳其妇女特别是中老年妇女都会用咖啡渣算命，即"咖啡法勒"。这种游戏至今在土耳其仍然十分流行。算命时，她们把喝完的咖啡杯逆时针方向在你头顶上转三次，你可默默地许下心愿，然后把杯子倒扣在杯碟上，十分钟后再打开，算命人从杯子顺时针方向开始，先看杯中间，后看四周。根据杯子和碟子上残留的图纹来说出你的前途和命运。据悉，在土耳其有半数人特别是妇女相信此道。

大家也许会问，这座建于悬崖峭壁之上的寺院，人们又是如何进出的呢？原来在谷底有条弯弯曲曲的小路可以直达修道院的入口，然后再上64级台阶便可抵达其正门，这些阶梯都是在山岩上开凿而成。在阶梯的西面是一条引水渠，负责提供修道院里人们的生活用水。而在正门的一侧则还有一座有着92级台阶的石梯,可以向下直达作为寺院庭院使用的平台。其左面还有一座将山石挖空而成并在前面建有石墙的拜礼堂,拜礼堂约有400平方米,墙上画有许多精致的壁画,可惜许多壁画已经损坏。再往前则是修道士们修行的地方,其右边则是修道院的主体建筑。修道院于14世纪中叶进行了扩建,形成了现在的规模。

15世纪奥斯曼人入主以后它仍然受到了很好的保护。1923年土耳其共和国成立后,由于土希两国实行居民互换,修道院中的希腊人全部迁走,修道院也就停止了活动。1930年曾发生过火灾,修道院的地板和屋顶全部被烧毁,但其主体石质建筑未受影响。上世纪70年代起开始派专人看守,尽管如此,修道院还是在一定程度上遭到了自然风化以及人类活动的双重破坏,好在其石质建筑非常坚固,因此外观上损坏不大,至今它仍然屹立在绝壁之上。从下面仰望它似乎是挂在笔直的悬崖之上,显得非常险峻奇特,雄伟壮观。

我以为这座"土耳其的悬空寺"绝对可以算得上土耳其最具吸引力的旅游景观之一,不知你以为然否?

第六节　内姆鲁特山上的巨石群雕像

在土耳其东南部阿德亚曼省的卡赫塔县境内的内姆鲁特山上，存在着土耳其又一处惊世奇观——石群雕像。内姆鲁特山离卡赫塔县城约100公里，山高2206米，在其山顶上散落着许多巨型石头雕像，高度将近10米。许多雕像的头部已经被移至地面，而这些头像高度也有2米多，重达数吨。如此众多的巨型石头像矗立在高达两千多米的山上，这就是内姆鲁特山巨型石雕的魅力所在，它吸引着世界各地充满好奇心的人们前往一探究竟。

那么这些雕像究竟从何而来呢？原来它们还是公元前1世纪时的作品，至今已有2000多年的历史。当时这个地区(幼发拉底河

上游地区)存在过一个小国叫孔玛盖内，其国王安提俄科斯(公元前62—前32年在位)死后便安葬在内姆鲁特山上，现存的这些石像实际上主要是神灵的雕像。

安提俄科斯一世又是何许人呢？这还要从亚历山大大帝说起，他为了把

阿纳托利亚地区人民从波斯人的统治下"解放"出来,公元前4世纪,开始了他的阿纳托利亚远征。当时正处古希腊的上升期,亚历山大梦想成为全世界的主宰,因此大力促进民族融合,他曾迫使手下成百上千的军人与被占领地区的妇女通婚。而孔玛盖内王国作为亚历山大部将建立的塞琉古王朝的一支,其国王安提俄科斯一世就是希腊人和波斯人结合产生的后裔。当时孔玛盖内在强大的罗马和波斯帕提亚之间维持着并不稳定的独立,到纪元初,终于被并入罗马的叙利亚行省。

尽管孔玛盖内王国不大,但安提俄科斯一世国王却为自己修建了庞大的陵墓,从发掘情况看,其墓室系开凿山体后建成,上面再由数量惊人的碎石块堆砌成圆锥形,高度为50米底部直径达150米。按计划陵墓周围要装饰成神庙一样,于是这里便出现了众多巨型石雕,它们都是众神灵的雕像。

陵墓东、西、北三面都有巨大的平台。东部平台的南北两边较矮的石板上饰有浮雕,南面的浮雕是安提俄科斯一世来自马其顿母系方面的先祖们的雕像,北面的则是来自波斯的父系方面的先辈们的形象,而这些雕像的背面都分别刻着他们各自的名字。东部平台靠近陵墓的地方则排列着五尊巨型神像,它们高达10米,每一尊都代表着好几位神灵,这也体现了古希腊主张融合东西方文化的政策。例如,最北面的一尊代表着阿波罗、赫尔墨斯等四位神灵;旁边的一尊代表的是名为福图纳的神或是孔玛盖内国的丰收女神;中间的一尊是宙斯等三位神灵的雕像,第四座则是安提俄

【走近土耳其】

土耳其人喜欢饮茶,茶是土耳其每个家庭的必备之物,它与咖啡一起,也是土耳其家庭招待客人的首选饮品。每当去土耳其友人家做客,一番问候寒暄之后,主人问的第一句话往往是:"喝茶,还是咖啡?"尽管土耳其咖啡仍很流行,但近几十年来,茶似乎越来越受欢迎,据统计,每个土耳其家庭年均消费茶叶在8公斤以上。土耳其有句俗语:和你一起喝茶的人,不会对你心怀不轨。这大概可以说明他们为什么喜欢喝茶。

科斯一世本人的像，显然这位国王将其本人也列入了神的行列；最南面的雕像则属于宙斯之子、大力神赫尔克勒斯和战神阿瑞斯等三位神灵。

千古之谜

现在这些神像的头部都已落在了地上，这也是整个陵区最吸引眼球的地方。关于这些头像为什么会立在地上，则没有看到什么权威的解释。有人说这些头像落在地上是人像被"斩首"了，似乎是有人故意将人像推倒而造成的。而我却在想，也许是因为头像雕成后发生了什么重大变故，以至头像尚未来得及安上躯体，工匠们便匆忙撤离。理由是这些头像都是"立"在地上，而并非东倒西歪地"躺"在地上。当然这只是我这个外行姑妄言之，算不得数。究竟雕像为何'人首分离'，这些雕像到底是在山上雕成的还是在山下雕好后再运上来的，至今也还是千古之谜，这些都还有待专家们的进一步探究。

　　陵墓西部的平台上面也有同样的雕像,次序同东部平台的一模一样,雕像的头部也一样散落在地上,但相比之下,比东部的保存得更好一些。要说不同就是表现父系和母系祖先的浮雕同东部平台的不完全一样:母系方面来自马希顿的祖先们的雕像被放在了巨型神灵雕像的对面,而父系方面来自波斯的祖辈们的雕像则被放在了平台的南面。雕像中有一幅画面表现的是安提俄科斯国王同众神灵握手的场面。既然安提科斯把自己放在同神一样的地位,那么表现他同神灵握手的场面也就不足为怪了。

　　陵墓的北部平台是个举行祭祀仪式的场所,它可同时兼顾东西平台内边的情况。周围有80米长、3米高的围墙,现已坍塌,中间有一谷底通向山顶的入口,入口处有一石柱,上面雕着只老鹰,正警惕地注视着远方,充当陵墓的守护神。

　　怎么样,爬到山顶,看着这些已存在了两千年的巨大石像,一定会觉得很过瘾吧?当然也会感到几分神秘,这也不奇怪,因为它们本来就是一些神嘛!

第四章　现代文明和旅游的交汇点

　　目前，土耳其是世界上经济增长最快的国家之一，其贸易额在发展中国家中也是比较高的，竞争力 1998 年排在第三十三位。其人口的 70% 是 30 岁以下的年青人，识字率高达 82%，这是 21 世纪最大的天然资源，是一个充满希望的国家。尽管政府实施的政策有时不尽人意，但土耳其仍是一个有巨大潜力和充满活力的国家。

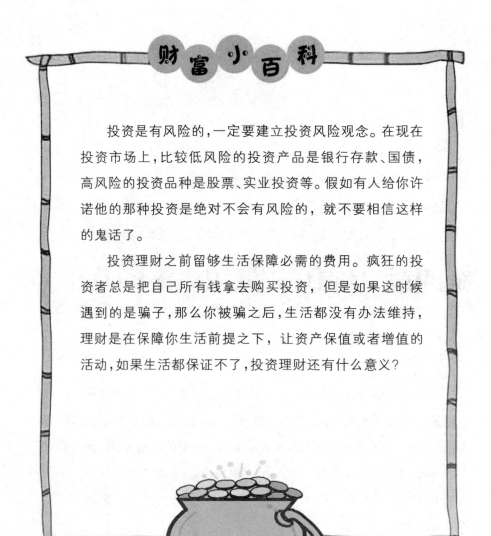

财富小百科

投资是有风险的，一定要建立投资风险观念。在现在投资市场上，比较低风险的投资产品是银行存款、国债，高风险的投资品种是股票、实业投资等。假如有人给你许诺他的那种投资是绝对不会有风险的，就不要相信这样的鬼话了。

投资理财之前留够生活保障必需的费用。疯狂的投资者总是把自己所有钱拿去购买投资，但是如果这时候遇到的是骗子，那么你被骗之后，生活都没有办法维持，理财是在保障你生活前提之下，让资产保值或者增值的活动，如果生活都保证不了，投资理财还有什么意义？

第一节　土耳其最大的城市伊斯坦布尔

到土耳其旅游,伊斯坦布尔是必经之地,也是首选之地。说必经之地,是因为它系土耳其最大、最现代化的城市,也是全国最大的海港和交通枢纽,进出土耳其的国际航班绝大多数以这里为终始。说首选之地,是因为伊斯坦布尔还是历时两千多年的三朝古都(罗马、拜占庭和奥斯曼三大帝国的首都),其文化古迹比比皆是,历史文物不可胜数。可以说不到伊斯坦布尔,就等于没到过土耳其。

伊斯坦布尔位于土耳其西北角,沿博斯普鲁斯海峡两岸和马尔马拉海北岸而建。城市人口1700万(含流动人口),市区面积约1600平方公里。它扼守黑海出海口,横跨欧亚两大洲,蔚蓝色的博斯普鲁斯海峡穿行城市中间,将城市分为两部分,城市主要部分位于欧洲一边。海峡宽仅一两公里,却深不见底,浩浩荡荡,奔流不息,蜿蜒30多公里,它和两岸的绿树红瓦,蓝天白云构成一幅天然的特大风景画,游人到此无不

> **【走近土耳其】**
>
> 在土耳其,人们通常喝的茶是自产的红茶,其煮茶与饮茶习惯均与别国有所不同。烧茶的壶有两层,上面的壶放茶叶和水,下面的壶只放水,两壶相叠,放在炉子上烧,通过下面壶内的蒸汽把茶水烧开。然后把煮开的茶汁倒入特制的小玻璃杯,再兑白开水至浓淡相宜便可饮用。一般饮用之前要在杯中加入一两块方糖,以解苦味,稍考究者还要加入一小片柠檬,其味更佳。这种茶看起来呈棕红色,闻起来茶味很浓,喝起来醇香可口,苦中带甜,真可谓色香味俱全。

感觉心旷神怡,发出由衷感叹。我相信你至此游玩,感觉也是一样。海峡上已建起两座斜拉铁索大桥,两桥飞架东西,"天堑变通途",它们更是为海峡和伊市平添了几分壮美和秀丽。因此,就凭海峡这一美景,把伊斯坦布尔称为世界最美的城市也不为过。这里常年游客如云,据土耳其政府统计,每年来伊斯坦布尔的游客约占土全国接待的游客一半以上。

由拜占庭到君士坦丁堡

伊斯坦布尔历史悠久。据考古发掘,早在新石器时代和青铜器时代,就有人居住在如今伊斯坦布尔市小珍珠湖畔的亚勒姆布尔佳斯岩洞里。费基尔山和库尔巴勒溪附近亦有约公元前5000年时期人类定居的大量考古发现。

据史料记载,公元前660年,来自希腊迈加拉城和爱琴海城市米勒托斯的移民在其首领拜萨斯(据古希腊传说,拜萨斯是海神

波塞冬和美神凯利尔萨的儿子)的率领下,在如今黄金角湾边名叫"皇宫岬"的地方依山修筑了卫城,定名为拜占庭。公元前513年起,拜占庭先后被波斯人、雅典人和斯巴达人占领。亚历山大大帝统治希腊后,于公元前334年击败波斯人,占领了拜占庭。公元前146年,罗马帝国占领该城,面对不断扩大的疆域,罗马皇帝感到在帝国的东部需要强有力的行政管理,于是将拜占庭定为东都。此后,城市得到大规模修建。如跑马场等许多著名建筑都建于这一时期。

公元324年罗马帝国君士坦丁大帝从罗马迁都于此,将其重修。公元330年5月11日,拜占庭被改名为新罗马。君士坦丁大帝死后,城市以他的名字命名为君士坦丁堡,并逐渐成为基督教的中心。公元395年,罗马帝国分裂后,君士坦丁堡成为东罗马帝国首都。在这一时期,城市建设中涌现出一种复古思潮,建筑物大多为古希腊风格为主,其中最著名的就是圣索菲亚大教堂,现已或为残垣断壁的古城墙也建自这一时期。公元6世纪末,城市成为古丝绸之路的西部重镇,城市发展达到鼎盛。据说,9世纪时人口已达100万。此后,该城屡遭西亚地区诸国侵扰,一些精美的建筑物被毁,损失惨重。公元10世纪起,东罗马帝国开始受到保加利亚人、塞尔维亚人和突厥人来自东西两面的威胁。1204年十字军攻陷该城,城市又一次遭受严重破坏。虽然自1261年起,城市开始重建,但却难以恢复昔日风采。

伊斯坦布尔成为奥斯曼帝国的首都

公元1453年,奥斯曼苏丹麦赫迈特二世攻占了君士坦丁堡,改其名为伊斯坦布尔并定都于此。建都初期,由于战争原因,城市人口稀少,为改变这一状况,便将大批移民迁入城市。由于君士坦丁堡时期的基督教文化背景以及奥斯曼人占领后的伊斯兰文化影响,在奥斯曼时期,伊斯坦布尔呈现出一个多种族、多宗教大融合的局面。1520—1566年,苏莱曼大帝统治时期,对伊斯坦布尔进行大规模重建,出现了大批著名的建筑。同时,拜占庭时期的古城墙、城市引水渠、地下储水宫等大批古建筑也得以修复。

当代伊斯坦布尔面面观

第一次世界大战后,英、法等国将陆上部分连接,大部分墙体至今犹存。

市内拜占庭时期的建筑遗迹有:被焚毁的圆柱、双层水道(建于366年)、"金门"凯旋门、君士坦丁宫(建于1300年),加拉塔区的高塔和25座教堂(有许多已被改作清真寺)以及圣索菲亚大教堂(据称其圆顶是世界建筑史上最美的圆顶)。

奥斯曼时期最著名建筑遗迹有:苏莱曼清真寺、蓝色清真寺、奥斯曼新老王宫等。

18世纪以来,伊斯兰建筑师们受巴洛克和新古典主义建筑风格的影响,兴建了一批西式建筑,如多尔马巴赫切宫等。

伊斯坦布尔同时也是土耳其文化、教育、科研中心之一,拥有著名的伊斯坦布尔大学、伊斯坦布尔技术大学、海峡大学等著名高等学府。全国近50家广播电视台和近30家日报的总部均设在这里。伊斯坦布尔每年接待大量外国游客,许多游客盛赞该市是"欧亚大陆的明珠"。

伊斯坦布尔已被美国著名的《国家地理》杂志评为"一生中要去的五十处地方"之一,我想,你要是不去那里看一看,岂不留下终生遗憾吗?奥斯曼占伊斯坦布尔长达5年。1923年7月24日,土耳其同协约国签订了《洛桑条约》,使土

> 【走近土耳其】
>
> 在土耳其,无论在城市或是乡村,只要是供人休息的地方,到处都有茶座或茶馆。当然人们去茶馆既是为喝茶,也是为聊天消遣,同时更借以了解各种消息,因此茶馆向来都是社会生活中不可或缺的重要场所。

耳其完全获得了独立。根据条约规定，10月6日土耳其军队进入伊斯坦布尔。同年，基马尔领导土耳其人民建立了共和国，出于安全和摆脱奥斯曼封建帝国形象等原因，安卡拉取代伊斯坦布尔成为共和国首都。从此，伊斯坦布尔成为土耳其最大的工业、商业、海陆空交通、金融、贸易和文化中心。全国50%的进口、15%的出口通过该城市进行。其GNP总值约占全国的40%。

联系欧亚两大洲的枢纽

伊斯坦布尔是世界上唯一地跨两大洲的城市，是联系欧亚两大洲的枢纽，公路和铁路交通四通八达。为解决博斯普鲁斯海峡横断欧亚交通的问题，土政府耗巨资在海峡上建起两座大桥。1973年土耳其建国50周年国庆之际，第一座连接欧亚的斜拉网索公路吊桥——"博斯普鲁斯海峡大桥"建成，改变了以住必须乘坐渡轮往来于海峡两岸的局面。1988年，第二座海峡大桥——"征服者苏丹麦赫迈特大桥"亦得以落成通车。从此，几分钟之内乘车便可往返于欧亚之间，这两座大桥成为伊市民和土耳其人民的骄傲。伊市还拥有世界闻名的航空港阿塔图尔克国际机场，该机场规模宏大、设备先进，可起降各种大型喷气式飞机。

名胜古迹众多

伊斯坦布尔以众多名胜古迹而闻名。古城四周建有城墙，总长7.2公里，城墙上有内外墙垒，墙外有护城河。原有92座城墙塔楼，其中有56座保存至今。

第二节　风光旖旎的博斯普鲁斯海峡

到达伊斯坦布尔,首先映入眼帘的便是那蜿蜒曲折、穿城而
过的博斯普鲁斯海峡和那浩浩荡荡、奔流不息的一峡海水。

海峡风情

博斯普鲁斯海峡位于黑海和马尔马拉海之间,是由于第四地
质时期大陆板块运动经历了7500年的变动形成的。它长34公里,
最宽处3.6公里,最窄处0.7公里,航道中心水深50—70米,最深处

120米。海峡水流的奇特之处在于上下水流流向不一,表层海水由北向南,由黑海流向马尔马拉海,海底水流由南向北,逆向而流。

游览海峡最好的方式就是乘坐游艇。乘在船上,但见两岸有许多丘陵和水湾,山皆不高,仅约200米,两岸山峦起伏,绿树成阴,白墙红瓦的民居和别墅点缀其间,更有许多得到精心保护的古代建筑矗立岸边,它们与滔滔碧水、蓝天白云构成的独特景观,犹如一幅幅美丽的风景画,令人目不暇接,流连忘返。岸边常有众人甩竿垂钓,悠然自得,其乐融融。观者无不为之陶醉,疑为置身人间天堂。更有奇者,海峡中常有海豚游过,它们似通人性,遇有游船经过,常三五成群,高高跃起,与人同乐或为游人助兴。当然要看到这种场面,还需一点运气,因为海豚不是每日都有。笔者曾有过这种幸运,当时船上游客见之无不啧啧称奇,喜出望外。此情此景至今仍栩栩如生,在我脑海中留存。

海峡名称的由来

博斯普鲁斯海峡的名称源自古希腊神话。相传,万神之主宙斯爱上了伊那科斯王的女儿伊俄,不料这一秘密被其妻天后赫拉发现,于是,宙斯便将伊俄变成一头白色的小母牛,以逃避赫拉的报复,但赫拉还是洞察了其中的奥妙,便假意要求宙斯将小母牛送给她,然后,交给百眼怪阿耳戈斯严密看管,宙斯得知心急如焚,便派自己的儿子赫耳墨斯用计杀死百眼怪,救出伊俄变的小母牛。但赫拉一计不成,又生一计,她随手抓来一只牛蝇,让它攻击小母牛,牛被它叮得几乎发狂,只得到处乱跑,以求躲避。这期间,就曾跳过一道水墙。而这道水

【走近土耳其】

土耳其原本不产茶叶,需要大量进口,后来发现黑海地区的气候、土壤适宜种茶,于是在上世纪六七十年代才开始在里柴(Rize)地区种植茶树,此后茶叶生产发展很快,现在已能自给。

墙就是指博斯普鲁斯海峡。在古希腊语中,博斯(Bos)是"牛"的意思。普鲁斯(Phoros)意为"水墙",合在一起意为"牛津渡",即牛可涉水之地。

天然屏障与兵家必争之地

现实生活中,对于身处海峡两岸的人们而言,博斯普鲁斯海峡的确就是一道难以逾越的天然屏障。无论是从亚洲还是从欧洲来犯的敌人,都要先过海峡才能展开进攻。

公元4世纪,为了渡过海峡攻打斯提安人,波斯国王大流士命人把一艘艘小船和皮艇连结起来,以建造海上浮桥,为此居然动用了70万大军。

公元15世纪,奥斯曼苏丹在最终攻占君士坦丁堡之前,专门下令在海峡西岸修建鲁梅利城堡,再用铁索连结对岸早先建成的阿纳多卢城堡,以封锁海峡,阻止其他基督教国家从黑海通过海峡支援拜占庭王朝。现在这座城堡仍然存在,不过它已经变成旅游景点和举行消夏文艺演出的场所。

博斯普鲁斯海峡是黑海唯一出海口, 也是连结黑海和地中海的唯一海上通道,其战略地位非常重要,因此,自古以来就是兵家必争之地。俄土之间发生多次大战,争夺海峡控制权就是诱因之一。

1936年,蒙特洛协议把它定为由土耳其政府管辖的国际海上航线。每年大约有5万艘货轮、邮轮穿梭于海峡之间,因此,这条航线是世界上最重要、最忙碌和最危险的海上航线之一,但从旅游的角度看,它却是一条千金难买的黄金水道。